CB122883

# O DIREITO

Ano 137.º (2005), III

*Director*

INOCÊNCIO GALVÃO TELLES

O DIREITO
Ano 137.° (2005), III
Director: INOCÊNCIO GALVÃO TELLES

*Fundadores*
António Alves da Fonseca
José Luciano de Castro

*Antigos Directores*
José Luciano de Castro
António Baptista de Sousa (Visconde de Carnaxide)
Fernando Martins de Carvalho
Marcello Caetano

*Director*
Inocêncio Galvão Telles

*Directores-Adjuntos*
António Menezes Cordeiro
Jorge Miranda
Mário Bigotte Chorão

Propriedade de JURIDIREITO – Edições Jurídicas, Lda.
Sede e Redacção: Faculdade de Direito de Lisboa – Alameda da Universidade – 1649-014 Lisboa
Editora: Edições Almedina, SA
Rua da Estrela, n.° 6
Telef.: 239 851 904 – Fax: 239 851 901
3000-161 Coimbra – Portugal
editora@almedina.net

Publicação: cinco números anuais
Assinatura anual € 70,00
Número avulso € 14,00

Coordenação e revisão: Veloso da Cunha
Execução gráfica: G.C. – Gráfica de Coimbra, Lda.
Rua do Progresso, 13 – Palheira
3040-692 Assafarge
Telef.: 239 802 450 – Fax: 239 802 459
producao@graficadecoimbra.pt
Depósito legal: 229122/05
N.° de registo no ICS – 124475

# ÍNDICE

## ARTIGOS DOUTRINAIS

INOCÊNCIO GALVÃO TELLES
*Coelho da Rocha e o Código Civil Napoleónico* . . . . . . . . . . . . . . . . . . . . . . . . 443

ANTÓNIO MENEZES CORDEIRO
*Aquisições tendentes ao domínio total: constitucionalidade e efectivação da consignação em depósito (artigo 490.º/3 e 4 do Código das Sociedades Comerciais)* . . . . . . . . . . . . 449

ANTÓNIO MENEZES CORDEIRO
*Introdução ao Direito da insolvência* . . . . . . . . . . . . . . . . . . . . . . . . . . . . . . . . 465

PEDRO DE ALBUQUERQUE
*Declaração da situação de insolvência* . . . . . . . . . . . . . . . . . . . . . . . . . . . . . . . 507

JOSÉ MANUEL VILALONGA
*Breves reflexões sobre os artigos 174.º e 175.º do Código Penal – A cláusula* abuso da inexperiência . . . . . . . . . . . . . . . . . . . . . . . . . . . . . . . . . . . . . . . . 527

ISABEL MOUSINHO DE FIGUEIREDO
*O administrador delegado (A delegação de poderes de gestão no Direito das Sociedades)* 547

## PARECERES

INOCÊNCIO GALVÃO TELLES
*Testamento; aceitação da herança; encargo contrário à lei ou à ordem pública* . . . . . . . 603

## REGISTO BIBLIOGRÁFICO

José de Oliveira Ascensão, *O Direito / Introdução e Teoria Geral* . . . . . . . . . . . . 613
Carlos Alberto da Mota Pinto, *Teoria geral do Direito civil*, por António Pinto Monteiro e Paulo Mota Pinto . . . . . . . . . . . . . . . . . . . . . . . . . . . . . . . . . . 615

Carlos Olavo, *Propriedade industrial* – volume I – *Sinais distintivos do comércio / / Concorrência desleal* . . . . . . . . . . . . . . . . . . . . . . . . . . . . . . . . . . . . . . . . . . . . . 617
Luís Manuel Teles de Menezes Leitão, *Código da Insolvência e da Recuperação de Empresa Anotado* . . . . . . . . . . . . . . . . . . . . . . . . . . . . . . . . . . . . . . . . . . . . . 619
Maria do Rosário Palma Ramalho, *Direito do trabalho* – Parte I – *Dogmática geral* 621

# Artigos Doutrinais

# *Coelho da Rocha e o Código Civil Napoleónico* [1]

PROF. DOUTOR INOCÊNCIO GALVÃO TELLES

1. Coelho da Rocha (M. A.) nasceu em 30 de Abril de 1793, no lugar de Covelos, freguesia de S. Miguel do Mato (portanto nas chamadas "terras de Santa Maria"), filho de pais lavradores, profundamente honrados mas parcos de haveres.

2. Movidos pela ingénita propensão de Coelho da Rocha para o estudo, e apesar da escassez de meios, seus pais anuíram a que ele fosse estudar, primeiro no Porto, depois em Coimbra, possivelmente com o auxílio de algum parente mais abastado. Em Coimbra frequentou na respectiva Universidade, simultaneamente, a Faculdade de Leis e a Faculdade de Cânones.

3. Em 1815 Coelho da Rocha obteve o grau de Bacharel em Leis e em 1816 o de Bacharel em Cânones, em qualquer dos casos após os regulamentares cinco anos de estudo. Em seguida, matriculou-se no sexto ano de Leis e, depois de ter defendido conclusões magnas no termo do ano lectivo, recebeu o grau de Licenciado em Leis; e não obteve o grau de Doutor por falta de recursos pecuniários.

4. Graças a ter entretanto arrecadado algum dinheiro com o ensino da cadeira de Instituições Canónicas no Seminário Episcopal de Viseu, e graças também a algum dinheiro que amigos lhe emprestaram, voltou a Coimbra e, finalmente, doutorou-se em Leis em 1818.

[1] Palavras proferidas em 2 de Dezembro de 2004, no âmbito das comemorações do bicentenário do Código Civil Napoleónico promovidas pela Universidade Lusíada, à semelhança das realizadas em muitos outros países.

5. Por outro lado, em 1819-1820 recebeu ordens menores e ultimou a sua ordenação no Porto.

6. Liberal por convicção, adepto pois das ideias constitucionalistas de D. Pedro IV, a sua dedicação a essas ideias valeu-lhe, no efémero reinado de D. Miguel, a pena de desterro, que todavia não chegou a efectivar-se. Em contrapartida, foi-lhe proibida a saída de Covelos, onde permaneceu até ao definitivo triunfo do liberalismo em 1834, ocupando ali o tempo na advocacia e na preparação das suas prédicas religiosas.

7. Restabelecido o Governo Constitucional, Coelho da Rocha foi por este despachado Lente da Faculdade de Leis e incumbido, em 1834-35 e 1836-37, da regência de História do Direito Romano e Português. Escreveu então o seu excelente *Ensaio sobre a História do Governo e Legislação de Portugal*, de que saíram duas edições, obra da maior valia pela árdua investigação a que o obrigou, trabalho conduzido com apurado método e vasado em linguagem da maior clareza e simplicidade.

8. Em razão do seu grande mérito, Coelho da Rocha viu-se em 1834 nomeado sucessivamente para vários cargos de responsabilidade, entre eles o de Vogal Ordinário do Conselho Superior da Instrução Pública. Foi-lhe inclusive oferecida a Mitra de Goa, mas não a aceitou, pois todos os seus cuidados estavam nos seus escritos.

9. Coelho da Rocha escreveu na vigência da Lei de 18 de Agosto de 1769 (a chamada Lei da Boa Razão) e dos Estatutos da Universidade de 1772, diplomas, como se sabe, inspirados e postos em vigor pelo Marquês de Pombal e imbuídos do iluminismo racionalista, os quais deram ao Direito Pátrio o posto cimeiro de que andava arredado pelo Direito Romano e pelo Canónico.

10. Para idêntico fim concorreu poderosamente o sábio Lente da Universidade Pascoal José de Melo Freire, verdadeiro fundador da nossa escola de Direito Pátrio através das suas *Instituições de Direito Pátrio, Público e Privado*, escritas em latim[2], que era então a língua universal dos cientistas. O Direito Português apareceu aí, pela primeira vez, reduzido a uma síntese elaborada com

[2] *Institutiones Juris Civilis Lusitani, cum publici, cum privati* (Instituições de Direito Civil, tanto público como privado – tomada aqui a expressão "Direito Civil" num sentido amplo).

método e espírito crítico. O livro de Melo Freire, de excelente qualidade, foi oficialmente adoptado como compêndio na Faculdade de Leis.

11. Entretanto, em 1830, as duas Faculdades, a de Leis e a de Cânones, fundiram-se numa só, com o nome de Faculdade de Direito. Houve que fazer uma diferente distribuição das disciplinas; nomeadamente, houve que autonomizar as cadeiras respeitantes ao Direito Civil (ao Direito Civil propriamente dito). Coube a Coelho da Rocha uma dessas cadeiras. Isto o levou a empreender a elaboração de um compêndio onde condensasse as respectivas matérias, compêndio a que deu o título de *Instituições de Direito Civil Portuguez*, e que é, diga-se desde já, uma verdadeira obra-prima. Tem interesse reproduzir o que disse Coelho da Rocha a respeito do trabalho que chamou a si: "Quando o empreendemos, não nos eram desconhecidas as dificuldades. Não se trata de explicar um código, porque o não temos; nem de reduzir a síntese, ou desenvolver, os princípios fixos e constantes de um sistema coerente, porque o não há na nossa legislação civil. Pelo contrário, no meio do caos em que ela se acha, o escritor, até certo ponto, é obrigado a tomar a vez do legislador: tem de formar o plano, tem de fazer a selecção das doutrinas; e tem de redigir até as últimas ilações [3].

12. Coelho da Rocha revela nestas palavras a sua inata vocação de legislador e codificador. As Instituições que ele diligente e solidamente elaborou eram, na prática, *um verdadeiro Código Civil*, que tribunais e juristas como tal acatavam, e que continuou a ser objecto de estudo mesmo depois de publicado em *1867* e entrado em vigor em *1868* o Código de Seabra, visto as Instituições de Coelho da Rocha terem continuado a ser editadas mesmo após essas datas [4].

13. Como é sabido, o Decreto de 8 de Agosto de 1850 encarregou o jurisconsulto António Luís de Seabra (mais tarde galardoado com o título de Visconde) de organizar o projecto de Código Civil e, ao mesmo tempo, nomeou uma Comissão incumbida de rever os trabalhos do novo Código que sucessi-

[3] Prefácio da 2.ª edição das Instituições de Direito Civil Portuguez.

[4] A última edição das Instituições é a sexta, de *1886*, saída *vinte anos* após o início da vigência do Código de SEABRA. É praticamente certo que as Instituições continuaram a ser ensinadas na Universidade, embora chamando o Lente a atenção dos discípulos para as diferenças existentes entre as duas obras.

vamente lhe fossem apresentados pelo encarregado da sua redacção. Essa Comissão era constituída por vários professores da Faculdade de Direito, entre eles Coelho da Rocha e o próprio Seabra.

A inclusão de Coelho da Rocha na Comissão não passou, obviamente, de uma homenagem prestada ao notabilíssimo jurisconsulto. Com efeito, à data da constituição da Comissão – *8 de Agosto de 1850* – já Coelho da Rocha não podia prestar uma colaboração efectiva, dado que padecia, desde 17 de Abril do mesmo ano, de grave enfermidade que o levou à morte no dia 10 de Agosto seguinte, com 57 anos.

Seabra, nascido em 1789, tinha em 1850 sessenta e um anos. Encontrava-se em pleno vigor físico e intelectual, vindo a falecer só em 1895, com 96 anos.

Ambos eram juristas de excepcional envergadura; ambos tinham desempenhado com a maior proficiência altos cargos; ambos tinham importante obra jurídica publicada.

Mas neste último aspecto Coelho da Rocha levava vantagem. Seabra, além de trabalhos menores, tinha publicado em 1850 *A propriedade. Philosofia do direito para servir de introdução ao commentario sobre a lei dos foraes*, obra notável. Também Coelho da Rocha, a par de trabalhos menores, havia publicado duas obras igualmente notáveis, *Historia do Governo e da Legislação de Portugal* e *Instituições de Direito Civil Portuguez*, da última das quais saíram seis edições, a última quando o Autor já tinha falecido há vinte anos[5], e com a particularidade de constituir, *na prática*, o Código Civil que se ambicionava. Se não fora a sua atroz enfermidade, talvez (pensamos nós) tivesse sido Coelho da Rocha o escolhido para redigir o novo Código Civil português. Assim o pensamos e temos como muito plausível este nosso ponto de vista.

14. Mas que tem tudo isto a ver com o Código Civil Napoleónico, cujos duzentos anos comemoramos agora? Tem a ver o seguinte.

15. Conforme já atrás foi dito, Coelho da Rocha escreveu quando estava em vigor a legislação pombalina constituída pela Lei de 18 de Agosto de 1769

[5] Possuo a 2.ª, a 4.ª e a 6.ª e última edição das Instituições de COELHO DA ROCHA. É curioso notar que no frontispício da 4.ª edição que possuo, de 1867, está escrito à mão o nome do aluno a quem então pertencia, o n.° 77, com indicação da respectiva data, Coimbra 18 de Outubro de 1882, e a referência ao 2.° ano jurídico, 1882-1883. O que constitui a prova palpável de que as Instituições de COELHO DA ROCHA ainda eram ensinadas na Universidade pelo menos cerca de 15 anos após a entrada em vigor do Código de SEABRA.

(Lei da Boa Razão) e os Estatutos da Universidade de 1772, que mandavam recorrer ao chamado *uso moderno*, isto é, mandavam, no silêncio da legislação expressa (Ordenações e leis avulsas), recorrer aos *códigos modernos das nações civilizadas* como *direito subsidiário*. Entre esses códigos Coelho da Rocha privilegiou o *Código Civil francês*, de 1804, além do da Prússia[6]. Em vários passos da sua obra cita disposições daquele primeiro código para resolver dúvidas que se suscitavam. As Instituições de Coelho da Rocha estão, pois, repassadas do espírito do Código napoleónico, que se transmitiu, a par doutras influências, ao Código de Seabra (o qual seguramente conhecia muito bem aquela obra) e, através do Código de Seabra, ao Código Civil actual.

16. A simplicidade do Código de Napoleão é o segredo da sua perenidade. Redigido em termos muito concisos, nas suas fórmulas áticas diz por via de regra o essencial e só o essencial. Razão tinha Napoleão quando afirmava que, com o decurso do tempo se esqueceriam as suas vitórias, mas não o seu Código, que aliás o Imperador, depois de concluído pela Comissão elaboradora, chamara a si para lhe introduzir, pelo próprio punho, algumas pertinentes alterações.

17. Como é sabido, Napoleão acabou por ser vencido em Waterloo pelo General Wellington, tendo-se colocado sob a protecção dos Ingleses e tendo sido por eles deportado para a pequena e distante ilha de Santa Helena, onde veio a falecer. Aí escreveu textualmente: "A minha verdadeira glória não é ter ganho quarenta batalhas; Waterloo apagará a lembrança de tantas vitórias. O que nada apagará, o que viverá eternamente, é o meu Código Civil" – aquele Código que, sendo Napoleão ainda Primeiro Cônsul, promulgara em 1804 sob o título de *Code Civil des Français*.

6 Prefácio da 2.ª edição das Instituições.

# *Aquisições tendentes ao domínio total: constitucionalidade e efectivação da consignação em depósito (artigo 490.°/3 e 4 do Código das Sociedades Comerciais)*

PROF. DOUTOR ANTÓNIO MENEZES CORDEIRO

SUMÁRIO: *I. A constitucionalidade das aquisições tendentes ao domínio total: 1. O instituto das aquisições tendentes ao domínio total; 2. O problema da constitucionalidade; 3. Enquadramento sistemático e valorativo; 4. A constitucionalidade. II. A consignação em depósito civil: 5. Introdução; 6. A experiência portuguesa; o Código de Seabra e os preparatórios de Vaz Serra. III. Aquisições forçadas: 7. A expropriação por utilidade pública; 8. A aquisição potestativa da sociedade aberta (490.°/7, do CSC). IV. Aquisições tendentes ao domínio total (490.°/4): 9. O objectivo da consignação; 10. Elementos sistemáticos: funcionamento do instituto e lugares paralelos; 11. Elemento terminológico: consignar é depositar; 12. O* modus faciendi. *V. Conclusões: 13. Conclusões.*

## I. A constitucionalidade das aquisições tendentes ao domínio total

### 1. *O instituto das aquisições tendentes ao domínio total*

I. O artigo 490.°[1] veio introduzir, no Direito português, a denominada aquisição potestativa tendente ao domínio total. *Grosso modo*, o esquema é o seguinte:

[1] Pertencem ao Código das Sociedades Comerciais, aprovado pelo Decreto-Lei n° 262/86, de 2 de Setembro, com alterações subsequentes, todos os artigos não acompanhados por indicação da fonte.

– a sociedade que, por si ou conjuntamente com as pessoas mencionadas no artigo 483.°/2, disponha de quotas ou acções correspondentes a, pelo menos, 90% do capital social de outra, deve comunicar tal facto a esta, nos 30 dias seguintes àquele em que essa cifra for alcançada;
– nos seis meses seguintes a essa comunicação, a sociedade dominante pode fazer uma oferta de aquisição das participações dos restantes sócios;
– a sociedade dominante pode tornar-se titular das acções ou quotas, pertencentes aos sócios livres, se assim o declarar na proposta e, nos 60 dias seguintes, fizer lavrar escritura pública em que seja declarada a aquisição, por ela, das participações em causa;
– a escritura só pode ser lavrada se a sociedade dominante tiver consignado, em depósito, a contrapartida devida.

II. A uma primeira leitura, logo se vê que está consagrada uma aquisição potestativa ou unilateral: ela opera por opção da sociedade dominante, seja qual for a vontade dos sócios livres. Por isso, é delicado o cálculo da contrapartida devida. Dispõe o artigo 490.°/2 sobre o tema:

> (...) mediante uma contrapartida em dinheiro ou nas suas próprias quotas, acções ou obrigações justificada por relatório elaborado por revisor oficial de contas independente das sociedades interessadas, que será depositado no registo e patenteado aos interessados nas sedes das duas sociedades.

III. O cálculo assim operado oferece garantias de seriedade. Interessa, porém, ir mais longe, assegurando que o sócio livre vem, efectivamente, a ser retribuído. Donde o artigo 490.°/4:

> A escritura só pode ser lavrada se a sociedade tiver consignado em depósito a contrapartida, em dinheiro, acções ou obrigações, das participações adquiridas, calculada de acordo com os valores mais altos constantes do relatório do revisor.

## 2. *O problema da constitucionalidade*

I. Apesar das cautelas postas, pela lei, na determinação e no pagamento da contrapartida, a figura da aquisição potestativa tendente ao domínio total surgia algo insólita, no panorama português anterior a 1986. De facto, estranhou-se que sócios livres detentores de pequenos lotes (não superiores, no conjunto, a 10% do capital social) ainda pudessem ser confrontados com a perda dessa reduzida participação, por mera decisão do(s) sócio(s) dominante(s).

A hipótese de uma inconstitucionalidade por violação dos artigos 13.° (igualdade), 18.°/2 (força jurídica e proporcionalidade) e 62.° (propriedade privada), todos da Constituição, viria a ocorrer. E também se suscitou a possibilidade de uma violação do artigo 168.°/1, *b*), da Constituição: hoje 165.°/1, *b*). Desta feita, haveria inconstitucionalidade orgânica, por violação de uma reserva relativa de competência legislativa.

II. A tese da inconstitucionalidade chegou a ser acolhida pelo Supremo Tribunal de Justiça [2]. Mas ela foi afastada pela doutrina e pela jurisprudência subsequentes, com relevo para RLx 6-Jun.-2002 [3], RLx 29-Out.-2002 [4] e STJ 10-Abr.-2003 [5]. Também o Pleno do Tribunal Constitucional, em acórdão de 26-Nov.-2002, se pronunciou pela constitucionalidade do instituto [6].

III. Pela nossa parte, já nos pronunciámos sobre o tema num estudo publicado, intitulado *Da constitucionalidade das aquisições tendentes ao domínio total (artigo 490.°, n.° 3, do Código das Sociedades Comerciais)* [7]. Esse estudo mantém plena actualidade, podendo ser completado com elementos constantes da RLx 29-Out.-2002, do TC n.° 491/2002, da RLx 26-Nov.-2002 e do STJ 10-Abr.-2003: remetemos para esses quatro elementos.

Por isso, na sequência, limitaremos a análise a algumas considerações básicas, necessárias para melhor integrar o tema da consignação.

[2] STJ 2-Out.-1997 (Lúcio Teixeira), BMJ 470 (1997), 619-624. Ela também surge numa sentença do 7.° Juízo Cível da Comarca de Lisboa, de 28-Jul.-1999, nos Cadernos do MVM n.° 6 (1999), 241-252, com anot. de Fazenda Martins e de Botelho da Silva, centradas em aspectos mobiliários.

[3] RLx 6-Jun.-2002 (Sousa Magalhães), CJ XXVII (2002) 3, 92-96.

[4] RLx 29-Out.-2002 (Abrantes Geraldes), CJ XXVII (2002) 4, 106-119; trata-se de um acórdão muito bem documentado, que esclarece o assunto.

[5] STJ 10-Abr.-2003 (Moitinho de Almeida), CJ/Supremo XI (2003) 2, 86-88, que confirmou o decidido no acórdão citado na nota anterior.

[6] TC n.° 491/2002 (Paulo Mota Pinto), consultado na *Internet* e publicado no DR II Série n.° 18, de 22-Jan.-2003, 1057-1070. Em 11, este acórdão teve 3 votos de vencido: entenderam estes haver inconstitucionalidade orgânica, por violação do artigo 168.°/1, *b*), da Constituição, em vigor aquando da publicação do Código das Sociedades Comerciais.

[7] Cf. BMJ 480 (1998), 5-30.

### 3. *Enquadramento sistemático e valorativo*

I. As aquisições potestativas tendentes ao domínio total não devem ser consideradas em termos isolados. Trata-se de um instituto próprio do Direito das sociedades comerciais e, mais precisamente, do Direito de grupos de sociedades [8]. E é nesse contexto que ele desempenha uma função valorativa ajustada.

Com efeito, havendo uma situação de domínio total, aplicam-se, por remissão feita pelo artigo 491.°, os artigos 501.° a 504.°. O artigo 501.° estabelece, assim, a responsabilidade da sociedade dominante para com os credores da dominada; o 502.°, a responsabilidade da mesma por perdas da dominada; o 503.° fixa o direito de dar instruções à dominada; o 504.°, finalmente, elenca os específicos deveres e as responsabilidades dos administradores da dominante para com a dominada.

Pois bem: todos estes preceitos podem ser desfeitados se se mantiver uma pequena minoria que esconda a realidade de um domínio total.

II. Paralelamente, os titulares minoritários, com uma percentagem não superior a 10% do capital social, podem ser totalmente marginalizados da vida societária, quando deparem com uma maioria de 90% [9]. E numa diversa conjuntura, esses mesmos 10% podem surgir como uma minoria incómoda, porventura mesmo detida por algum grupo concorrente.

Em suma: diversas situações deixam entender que a existência de minorias de 10% ou menos, em sociedades que tenham já atingido uma concentração de capital de 90%, pode bloquear as regras sobre grupos de sociedades e pode prejudicar, fora de uma lógica societária, qualquer dos grupos em presença.

É neste âmbito que o artigo 490.° deve ser apreciado e julgado.

III. A aquisição potestativa não é uma via de sentido único. Ela pode ser usada pela sociedade dominante e, ainda, pelos sócios livres, nos termos do artigo 490.°/5 e 6. Fica, assim, conservada uma igualdade formal e substancial entre os intervenientes no processo de aquisição unilateral.

IV. Cumpre ainda acrescentar que o esquema das aquisições potestativas não foi invenção do legislador português. Os valores que lhe subjazem levaram

[8] Cf. o nosso *Manual de Direito das sociedades* (2004), 809 ss..

[9] Já assim não será quando o capital se encontra disperso, altura em que 10% poderá, mesmo, constituir uma posição de controlo.

à sua consagração noutras legislações, com relevo para as alemã, francesa e inglesa[10] e, ainda, no projecto de 9.ª Directriz sobre sociedades comerciais – artigos 15.° e 39.°[11].

## 4. *A constitucionalidade*

I. Perante os elementos já disponíveis e tendo ainda em conta o especial espírito do Direito das sociedades comerciais, parece fácil afiançar a constitucionalidade do dispositivo das aquisições tendentes ao domínio total, previsto no artigo 490.°/3.

Ele não viola o artigo 62.°/1, da Constituição. De facto, o accionista livre não é, pura e simplesmente, privado dos seus direitos. Antes se verifica que estes se convertem em "dinheiro, acções ou obrigações". Ora este tipo de conversão patrimonial é conhecido, no domínio das sociedades comerciais. Ocorre:

- com a fusão de sociedades deliberada por maioria – 103.°/1; os sócios discordantes verão a sua posição converter-se em algo diverso;
- com a cisão, em termos similares – 120.°;
- com a transformação, por maioria, também em termos similares – 133.°;
- com a dissolução, por deliberação da maioria – 141.°/1, *b*).

Tudo isso é decorrência do *status* de sócio. Quando alguém adquire acções, já sabe de antemão que se sujeita a esses e outros esquemas.

II. Pela mesma ordem de ideias, parece claro que os artigos 13.° e 18.°/2 da Constituição não são atingidos. O artigo 490.° contém dispositivos que asseguram a justeza da contrapartida. Além disso, o artigo 490.° em causa não corresponde a nenhuma medida de improviso, estranha à harmonia do sector. Bastará pensar que ela tem equivalente na generalidade dos Direitos comerciais de outros países, constando de instrumentos comunitários.

A sua eventual ausência no nosso Direito é que corresponderia a uma falha na harmonia do sistema.

[10] Cf. o nosso estudo citado *supra*, nota 7 e, ainda, os também citados acórdãos da RLx 29-Out.-2002 e TC n.° 491/2002, de 26-Nov.-2002.

[11] *Vide* o nosso *Direito europeu das sociedades* (2005), 751 ss. e 771 ss..

III. Finalmente, no artigo 490.°, não está propriamente em jogo um tema "direitos, liberdades e garantias", reserva da Assembleia da República. Trata-se, essencialmente, de um aspecto técnico-mercantil, que se traduz por uma conversão obrigatória de certos valores, adequadamente calculada. Considerar que a Assembleia da República deveria legislar sobre o tema iria vitimar uma série de regras do Código das Sociedades Comerciais e do próprio Código dos Valores Mobiliários, nos quais nunca ninguém viu um tema de tipo constitucional. Noutros termos: os valores que aqui se agitam não correspondem aos que histórica, cultural e tecnicamente reservam, para o Parlamento, o legislar sobre certos temas.

IV. A constitucionalidade do instituto em estudo parece assegurada, sendo particularmente esclarecedora a leitura dos já citados acórdãos da RLx 29-Out.-2002, do TC n.° 491/2002, de 26-Nov.-2002 e do STJ 10-Abr.-2003.

## II. **A consignação em depósito civil**

### 5. ***Introdução***

I. Analisado o tema da constitucionalidade do artigo 490.°/3, vamos passar ao da consignação em depósito associada a esse mesmo preceito. Recordemos o seu teor:

> A escritura só pode ser lavrada se a sociedade tiver consignado em depósito a contrapartida, em dinheiro, acções ou obrigações, das participações adquiridas, calculadas de acordo com os valores mais altos constantes do relatório do revisor.

Tratar-se-á da consignação em depósito prevista nos artigos 841.° e seguintes do Código Civil e regulada ainda, nos seus aspectos procedimentais, nos artigos 1024.° e seguintes do Código de Processo Civil? E a ser esse o caso, com que alcance? Exige-se o seu trânsito em julgado?

II. O primeiro passo da pesquisa consistirá no levantamento da consignação em depósito civil e no das suas projecções processuais. De seguida, recordaremos alguns esquemas próprios das "aquisições forçadas". Finalmente, caberá atender o esquema das aquisições tendentes ao domínio total: poderemos, então, ajuizar se, nas vertentes teórica, teleológica e prática, a "consignação em depósito" do artigo 490.°/4 equivale à civil ou se se trata de figura diversa.

## 6. *A experiência portuguesa; o Código de Seabra e os preparatórios de Vaz Serra*

I. No Direito português anterior à codificação, a *offerta e deposito do pagamento* era admitida, na base do Direito comum[12].

No Código Civil de 1867, foi adoptado um esquema que, de certo modo, cortava com a tradição e com a orientação do Código Napoleão. A inovação cifrava-se em não conectar a consignação em depósito directamente com as "ofertas reais", antes alargando o seu horizonte.

Assim, segundo o seu artigo 759.º[13]:

> O devedor pode livrar-se, fazendo depositar judicialmente, com citação do credor, a cousa devida nos casos seguintes:
>
> 1.º Se o credor recusar recebê-la;
> 2.º Se o credor não vier, ou não mandar recebê-la na época do pagamento, ou no lugar para isso designado;
> 3.º Se o credor não quiser dar quitação;
> 4.º Se o credor for incapaz de receber;
> 5.º Se o credor for incerto.
> § único. No caso do n.º 5.º deste artigo é dispensada a citação do credor.

De todo o modo e aquando da preparação do Código de Seabra, não estava ainda cientificamente elaborada a figura da mora do credor.

II. O artigo 761.º do Código de Seabra continha uma regra que foi questionada e reescrita pela doutrina da época. Dizia o preceito em causa:

> Se o depósito não for contestado, a cousa ficará a risco do credor, e a obrigação extincta desde a data do mesmo depósito; mas, sendo este contestado, aqueles efeitos só principiarão na data da sentença, passada em julgado, que o confirmar.

Esta solução era injusta: fazia correr por conta do devedor cumpridor, os riscos e os juros, até que sobreviesse uma sentença que poderia tardar; ora a contestação poderia ser totalmente injustificada ou dilatória. José Dias Ferreira chamava já a atenção para tal insólito, acabando, porém, por obedecer à letra do

[12] Cf. J. H. Corrêa Telles, *Digesto Portuguez*, vol. 1.º, 9.ª ed. [1909, equivalente à reimp. da 3.ª ed. (1845)], 144-145 (1118-1126); são referidos troços dos *Digesta* e autores do *usus modernus*.

[13] Para a exegese mais antiga do Código de Seabra, cf. José Dias Ferreira, *Codigo Civil Portuguez Annotado*, vol. II, 2.ª ed. (1895), 83 ss..

Código [14]. Guilherme Moreira ia mais longe: havendo sentença favorável ao depósito, os seus efeitos retroagiriam à data deste último: não à da sentença [15]. Para tanto, este Autor manejava já um novo (na época) conceito, de origem germânica: a culpa. Com efeito – explica Moreira – o devedor que deposite, dentro do prazo da lei, a prestação, não tem "culpa": não incorre em mora. A opção de Guilherme Moreira é retomada por Cunha Gonçalves que sublinha não haver razão para destrinçar entre a falta de impugnação do depósito e a impugnação julgada improcedente [16].

III. No âmbito da preparação do Código Civil de 1966, foi elaborado, por Vaz Serra, um importante estudo de política legislativa sobre a consignação em depósito [17].

Após uma análise de Direito comparado, Vaz Serra formula uma proposta que distingue o Código português vigente da solução do *Codice Civile* italiano: a de não relacionar estreitamente a consignação em depósito com a mora do credor [18], antes a alargando aos casos em que o devedor não possa cumprir em segurança.

Em regra, a consignação seria uma faculdade do devedor; excepcionalmente, poderá ser uma obrigação, quando a lei a imponha [19].

IV. É importante sublinhar que em diversos troços de Vaz Serra se distingue entre a consignação em si e o processo destinado a averiguar a sua validade [20]. No articulado proposto, essa distinção mantém-se clara: "consignação" é aproximada da ideia de depósito [21].

[14] José Dias Ferreira, *Codigo Civil Annotado*, vol. II cit., 86-87; este Autor sublinhava, porém, que relevava a data da sentença e não a do seu trânsito em julgado, numa tímida correcção ao dispositivo formal.

[15] Guilherme Alves Moreira, *Instituições do Direito Civil Português*, 2.° vol. (1911), 252-253.

[16] Cunha Gonçalves, *Tratado de Direito civil*, vol. IV (1931), 772.

[17] Adriano Vaz Serra, *Consignação em depósito, venda de coisa devida e exoneração do devedor por impossibilidade da prestação resultante de circunstância atinente ao credor*, citado pela separata aos BMJ 39, 40 e 41 intitulada *Dação em cumprimento, consignação em depósito, confusão e figuras afins / Estudo de política legislativa* (1954), 37-224: ainda hoje o mais extenso estudo sobre consignação em depósito, na nossa literatura.

[18] Vaz Serra, *Consignação em depósito* cit., n.° 2 (57).

[19] Vaz Serra, *Consignação em depósito* cit., n.° 5 (85).

[20] Vaz Serra, *Consignação em depósito* cit., 73 e 107.

[21] Vaz Serra, *Consignação em depósito* cit., 183 ss.. O confronto dos textos vigentes com os trabalhos preparatórios pode comodamente ser feita com recurso a Jacinto Rodrigues Bastos, *Das obrigações em geral*, vol. VI (1973), 187 ss..

## III. Aquisições forçadas

### 7. *A expropriação por utilidade pública*

I. Na expropriação por utilidade pública verifica-se que, no âmbito de um procedimento específico hoje vertido no Código das Expropriações, aprovado pela Lei n.° 168/99, de 18 de Setembro, um particular perde o seu direito (normalmente: de propriedade) sobre um imóvel, sendo o mesmo substituído por uma justa indemnização – artigo 62.°/2, da Constituição [22]. A justa indemnização, sujeita a especiais regras de cálculo e de actualização, de modo a cumprir cabalmente o seu papel no restabelecimento da igualdade perturbada pela expropriação, vem a ser arbitrada no termo de um processo que pode ser complexo, com múltiplos graus de recurso [23].

II. A adjudicação da propriedade à entidade expropriante, independentemente já da hipótese das expropriações urgentes e da posse administrativa, opera, porém, em momento (muito anterior) ao da fixação definitiva da indemnização.

É certo que, no sentido dessa solução, militam razões de interesse público: precisamente as que facultam a expropriação. Não faria sentido desampará-las por via de uma discussão relativa à indemnização e que poderá ser muito prolongada. Mas podemos, também, invocar razões de interesse privado: desligada da ablação do domínio – ou antes: não tendo de a preceder – a temática do cálculo da indemnização poderá ser discutida com calma, ouvindo-se todos os argumentos e realizando-se as diligências necessárias, com muito mais cautelas. Um cálculo feito de modo muito acelerado jogaria, por certo, contra o expropriado.

III. Podemos assim concluir que, na expropriação por utilidade pública, a extinção dos direitos atingidos opera normalmente antes de ter sido arbitrada a justa indemnização. A lei prevê as necessárias garantias.

[22] Cf., quanto à evolução e à natureza da expropriação por utilidade pública, os nossos *Direitos reais* (1979) = *Reprint* 1993, 555 ss..

[23] Para os propósitos do presente estudo, não parece necessário reconstituir todo o processo expropriativo, tal como resulta das leis em vigor; para uma súmula à luz do Direito então em vigor, cf. MENEZES CORDEIRO/TEIXEIRA DE SOUSA, *Expropriação por utilidade pública*, CJ XV (1990) 5, 21-30.

Este sistema permite contemplar os interesses em presença e, designadamente, os da própria entidade expropriada. Trata-se de uma lição importante, a retirar do experiente Direito das expropriações por utilidade pública.

## 8. *A aquisição potestativa da sociedade aberta (490.°/7)*

I. Uma outra hipótese relevante de aquisição forçada – agora no âmbito do Direito das sociedades comerciais e para tutela dos valores aí reinantes – é a das aquisições tendentes ao domínio total de sociedades com o capital social aberto ao investimento do público.

Segundo o artigo 490.°/7, introduzido pelo Decreto-Lei n.° 486/99, de 13 de Novembro, que aprovou o Código dos Valores Mobiliários,

> A aquisição tendente ao domínio total da sociedade com o capital aberto ao investimento do público rege-se pelo disposto no Código dos Valores Mobiliários.

II. O processo em causa vem efectivamente regulado nos artigos 194.° e seguintes do Código dos Valores Mobiliários. Vamos reter duas regras: as dos números 2 e 4 do referido artigo 194.°, que dispõem, respectivamente:

- o sócio dominante que tome a decisão de aquisição potestativa deve publicar de imediato anúncio preliminar e enviá-lo à CMVM, para efeitos de registo;
- a publicação de anúncio preliminar obriga o sócio dominante a consignar a contrapartida em depósito junto de uma instituição de crédito, à ordem dos titulares das acções remanescentes.

É evidente que a contrapartida, a calcular nos termos do artigo 188.° do Código dos Valores Mobiliários, pode ser objecto de prolongada discussão: basta que o beneficiário a não aceite. Todavia, o processo não pára, exigindo-se simplesmente a consignação "inicial".

III. Também merece menção a proximidade terminológica entre o artigo 194.°/4 do Código dos Valores Mobiliários e os artigos 845.° e 846.° do Código Civil, acima examinados: "consignação em depósito" exprime, simplesmente, o contrato de depósito celebrado com a entidade consignatária: não o produto de uma sentença judicial transitada, para mais, em julgado.

## IV. Aquisições tendentes ao domínio total (490.°/4)

### 9. *O objectivo da consignação*

I. Os elementos obtidos permitem, agora, regressar ao cerne do presente estudo: o da consignação em depósito requerida pelo artigo 490.°/4.

O primeiro aspecto a relevar tem a ver com o elemento teleológico da interpretação: sabemos que se trata de um facto determinante na reconstituição do chamado pensamento legislativo.

II. Estamos perante uma aquisição de tipo forçado: a entidade detentora de 90% do capital social pode, em moldes potestativos, adquirir o capital livre. Em nome da tutela da propriedade privada, essa aquisição terá de operar nos termos onerosos e pelo justo valor. Assim, o artigo 490.°/2 prevê que a contrapartida devida pela aquisição seja:

> (...) justificada por relatório elaborado por revisor oficial de contas independente das sociedades interessadas (...)

O recurso a um revisor oficial de contas para, em conflitos de interesses societários, calcular valores em presença é uma constante. A matéria dos revisores oficiais de contas assume, hoje, a maior dignidade, estando rodeada de múltiplas cautelas: Decretos-Leis n.° 452/99, de 5 de Novembro e n.° 487/99, de 16 de Novembro. O esquema é, pois, considerado adequado e suficiente.

III. Não basta que a contrapartida seja equitativamente calculada: impõe-se, ainda, que ela seja efectivamente paga.

Por isso, a lei exige que, antes da escritura que exare a aquisição potestativa, se tenha procedido à consignação em depósito do dinheiro, das acções ou das obrigações, devidas a título de correspectivo.

A consignação em depósito visa, pois: *assegurar que os sócios livres recebam, efectivamente, a contrapartida calculada pelo revisor oficial de contas.*

Trata-se de uma consignação obrigatória. Como vimos, apenas caso a caso se poderá recorrer às regras civis e processuais da consignação comum, facultativa por natureza.

### 10. *Elementos sistemáticos: funcionamento do instituto e lugares paralelos*

I. Passando aos aspectos sistemáticos da interpretação, temos de verificar como funciona, no seu todo, o instituto da aquisição potestativa.

Recordamos os passos essenciais:

- atingida a fasquia dos 90%, o facto deve ser comunicado à dominada, no prazo de 30 dias;
- nos seis meses seguintes, a sociedade dominante pode fazer uma proposta de aquisição do "capital livre", mediante contrapartida calculada pelo revisor oficial de contas;
- feita a proposta, pode a sociedade dominante adquirir o capital livre, potestativamente, desde que:
  - o diga na própria proposta;
  - faça lavrar, *nos 60 dias seguintes*, escritura pública em que seja declarada a aquisição das participações em causa;
- mas isso desde que, antes da escritura, tenha consignado em depósito a contrapartida.

II. Pois bem: parece evidente que o instituto não poderá funcionar se a "consignação em depósito" aqui exigida englobar uma sentença transitada que reconheça a sua idoneidade, tudo isso em 60 dias! Nenhum tribunal do País poderia funcionar tão depressa (e nem seria bom que a aceleração processual atingisse tais proporções pois, por certo, teria repercussões na qualidade das decisões). Aliás, mesmo que a decisão do juiz fosse instantânea, o simples decurso dos prazos processuais esgotaria, praticamente, os 60 dias exigidos pela lei.

A "consignação em depósito" aqui requerida implicará, também por isso, sempre um mero depósito, sob pena de total bloqueio do instituto, bloqueio esse que deve ser prevenido por uma interpretação razoável.

III. Como lugares paralelos relevantes temos, em primeira e flagrante linha, o do artigo 194.° do Código dos Valores Mobiliários, relativo a aquisições potestativas em sociedades abertas e acima examinado. Como vimos, o n.° 4 desse preceito obriga simplesmente a sociedade interessada a "... consignar a contrapartida em depósito junto de instituição de crédito, à ordem dos titulares das acções remanescentes".

A natureza similar dos casos em presença aponta mesmo para a aplicação, por analogia, do artigo 194.°/4, do Código dos Valores Mobiliários, à hipótese do artigo 490.°/4, do Código das Sociedades Comerciais. Poder-se-ia, por certo, contrapor o artigo 490.°/7 o qual, ao remeter a matéria das sociedades abertas para o Código dos Valores Mobiliários, poderia apontar mais para um argumento *a contrario* do que para a analogia.

Não é assim. A grande especialidade das sociedades abertas reside na intervenção da CMVM e na forma específica de calcular a contrapartida, como resulta do artigo 194.°, do Código dos Valores Mobiliários, no seu todo. A garantia de pagamento não tem diferenças materiais específicas: há mesmo analogia.

IV. Ainda como lugares paralelos, embora já mais distantes, temos as hipóteses de "consignações obrigatórias", que encontrámos na lei civil. Nessas consignações – p. ex., a da execução específica do contrato-promessa e a da acção de preferência – a lei exige, simplesmente, determinado depósito: não uma sentença transitada que o sancione.

De outro modo – e recorde-se, ainda, a expropriação por utilidade pública – iríamos multiplicar as instâncias de litigiosidade, sem especiais méritos garantísticos, mas com danos para todos os intervenientes no processo.

## 11. *Elemento terminológico: consignar é depositar*

I. Deixamos propositadamente para o fim a ponderação do elemento terminológico, que resolverá, em definitivo, o problema que ora nos ocupa: o que significa "consignar em depósito"?

II. Perante a lei geral do País, "consignar em depósito" significa celebrar, com uma entidade consignatária, um contrato de depósito a favor do terceiro credor. Por isso, a consignação pode ser livremente revogada pelo consignante, aqui promissário – artigos 845.°/1 e 448.°, ambos do Código Civil – enquanto não for aceite – artigos 845.°/2 e 448.°/1, *a contrario*.

É evidente que se a "consignação em depósito" fosse o produto de uma sentença transitada, a sua revogação, pelo consignante, não faria sentido.

Além disso, a consignação pode ser aceite, produzindo os seus efeitos definitivos: também aqui ela mostra não depender de decisões judiciais.

III. Esta mesma terminologia opera na consignação obrigatória prevista na execução específica: o artigo 830.°/5 do Código Civil mostra-se cumprido com a efectivação do depósito aí previsto, no prazo fixado pelo tribunal. Não se exige, de modo algum, que se exiba uma sentença transitada.

## 12. O modus faciendi

I. Pelas razões elementares apontadas, podemos considerar afastada a exigência de uma sentença transitada proferida em acção de consignação em depósito, para efeitos de preenchimento do artigo 490.°/4 do Código das Sociedades Comerciais.

Abrem-se, todavia, ainda duas vias possíveis: a do artigo 1024.°/1, do Código de Processo Civil ou a do artigo 194.°/4 do Código dos Valores Mobiliários.

Na primeira hipótese, o adquirente potestativo interessado lançaria mão do processo especial de consignação em depósito: a importância ficaria consignada assim que se efectivasse o depósito inicial, deferido pelo juiz perante o requerimento adequado. Na segunda, por aplicação analógica do referido artigo 194.°/4 do Código dos Valores Mobiliários, bastaria fazer o depósito em instituição de crédito, à ordem dos "sócios livres".

II. As duas vias de solução não são incompatíveis. Ambas prosseguem os mesmos valores e interesses, fazendo-o com eficácia. Estamos no Direito privado. A lei põe à disposição dos interessados diversos caminhos, que estes poderão eleger, *in concreto*, em função das suas conveniências legítimas.

Qualquer uma das duas apontadas vias nos parece adequada.

# V. Conclusões

## 13. *Conclusões*

Resta apresentar breves conclusões. Assim:

1.ª O artigo 490.°/3, do Código das Sociedades Comerciais, traduz uma conversão de acções noutros valores equivalentes.

2.ª Trata-se de uma exigência equilibrada e razoável, própria do Direito dos grupos de sociedades, com equivalente nos outros Direitos europeus e no próprio Direito comunitário.

3.ª Assim, ela é conforme com a Constituição, num entendimento sufragado pela mais recente jurisprudência.

4.ª A consignação em depósito prevista no artigo 490.°/4 é, nos termos gerais, a celebração de certo contrato de depósito.

5.ª Em caso algum ela exige uma sentença, para mais transitada.

6.ª Na prática, ela pode efectivar-se seja pelo depósito inicial previsto no Código de Processo Civil, artigos 1024.º/1 e 1025.º/1, seja nos termos do artigo 194.º/4, do CVM.

# *Introdução ao Direito da insolvência*

PROF. DOUTOR ANTÓNIO MENEZES CORDEIRO

SUMÁRIO: *I. Noções gerais: 1. A insolvência; 2. O Direito da insolvência; 3. Aspectos metodológicos. II. A evolução do Direito da insolvência: 4. O Direito romano; 5. Evolução subsequente; tradições francesa, alemã e anglo-saxónica; 6. A experiência portuguesa. III. As reformas recentes: 7. A reforma francesa; 8. A reforma alemã. IV. Aspectos gerais: 9. Princípios clássicos; 10. Situações especiais; a banca e os seguros. V. O processo especial de recuperação de empresas e da falência: 11. A recuperação de empresas; o Decreto-Lei n.° 177/86, de 2 de Julho; 12. O Código dos Processos Especiais de Recuperação da Empresa e da Falência; a) A recuperação; 13. Segue; a assembleia de credores; 14. A falência e as suas consequências. VI. O Código da Insolvência: 15. A Lei n.° 39/2003, de 22 de Agosto (autorização legislativa); 16. O Decreto-Lei n.° 53/2004, de 22 de Agosto (diploma preambular); 17. O Decreto-Lei n.° 200/2004, de 18 de Agosto; 18. Legislação complementar; 19. O sistema geral do Código da Insolvência; 20. As disposições introdutórias; 21. Segue; b) Noções legais; 22. Segue; c) Preceitos processuais. VII. Medidas inovatórias: 23. Enumeração; 24. A primazia da satisfação dos credores; 25. A ampliação da autonomia privada dos credores; 26. A simplificação do processo; a insolvência da pessoa singular. VIII. Valoração do Código: 27. Aspectos gerais; 28. As opções básicas; 29. Técnica e estímulo jurídico-científico.*

## I. **Noções gerais**

### 1. ***A insolvência***

I. A publicação, efectuada pelo Decreto-Lei n.° 53/2004, de 18 de Março e, com alterações, pelo Decreto-Lei n.° 200/2004, de 18 de Agosto, do Código de Insolvência e de Recuperação de Empresas constitui um excelente ensejo para relançar, entre nós, o estudo do Direito da insolvência.

Trata-se de uma locução algo inovatória. Por isso, vamos começar por analisar o seu aparecimento e o seu alcance, no Direito português.

II. Na tradição portuguesa, a situação do mercador incapaz de assegurar os seus pagamentos era dita *quebra*[1]: uma expressão que se mantinha no Código Comercial de Ferreira Borges, de 1833[2], lado a lado com a falência. E já aí – artigo 1122.° – a insolvência era reservada para o não-comerciante.

Falência provém do latim *fallens* (*fallentis*), de *fallo* (*fefelli*, *falsum*): enganar, trair ou dissimular. Tem o seu quê de pejorativo.

Ainda no Direito tradicional, a falência era um instituto de comerciantes, enquanto a insolvência respeitava a não-comerciantes: tal o esquema do Código de Processo Civil de 1939 – artigos 1135.° e seguintes e 1313.° e seguintes, respectivamente. Recordamos que a falência era a situação qualitativa do comerciante incapaz de honrar os seus compromissos, enquanto a insolvência traduzia a situação quantitativa do não-comerciante cujo passivo superasse o activo.

O Código de Processos Especiais de Recuperação da Empresa e de Falência, adoptado pelo Decreto-Lei n.° 132/93, de 23 de Abril, veio quebrar essa tradição. A insuficiência patrimonial, concretizada na falta dos pagamentos, passou a dizer-se "insolvência"; a situação jurídica daí decorrente, passando por decisões judiciais com regras complexas, passou a ser a "falência".

Com o novo Código de 2004, tudo mudou, desaparecendo essa última noção. Apenas ficou a insolvência que equivale:

- à situação do devedor que se encontre impossibilitado de cumprir as suas obrigações vencidas – artigo 3.°/1[3];
- à situação subsequente à "sentença de insolvência" – artigo 36.°.

III. A ideia de insolvência foi retirada da *Insolvenzordnung* alemã, de 5-Out.-1994 e que constituiu a grande fonte inspiradora do legislador nacional de 2004. Por seu turno, o *Insolvenzrecht* veio absorver os anteriores[4]:

- *Konkursrecht* ou Direito da falência, que rege a liquidação universal do património do devedor e providencia o pagamento rateado dos credores;
- *Vergleichrecht* ou Direito da recuperação, que abrange as regras que poderão permitir, ao devedor, a prorrogação da sua actividade, minorando os aspectos atinentes ao incumprimento.

[1] Ord. Fil., Liv. V, tit. LXVI = ed. Gulbenkian, IV e V, 1214.

[2] Livro III, 3.ª parte: *Das quebras, rehabilitação do fallido, e moratorias*.

[3] Todos os preceitos sem indicação de fonte pertencem ao Código de Insolvência e de Recuperação de Empresas (CIRE), aprovado pelo Decreto-Lei n.° 53/2004, de 18 de Março, com as alterações introduzidas pelo Decreto-Lei n.° 200/2004, de 18 de Agosto.

[4] LUDWIG HÄSEMEYER, *Insolvenzrecht*, 3.ª ed. (2003), 5.

Além disso, operou a unificação entre o Direito da República Federal alemã (Ocidental), centrado na velha *Konkursordnung*, de 1877 e o da ex-República Democrática Alemã, reformado pela *Gesamtvollstreckungsordnung*, de 1990[5].

IV. Insolvência é a negação de solvência, de *solvo* (*solvi*, *solutum*): desatar, explicar, pagar. Traduzirá, assim, a situação daquele que não paga. Apresenta, perante a falência, duas vantagens:

– semanticamente, ela surge valorativamente mais neutra do que a tradicional "falência";
– conceitualmente, ela abrange quer a dimensão da liquidação universal do património, quer as medidas de recuperação que venham a ser adoptadas.

## 2. *O Direito da insolvência*

I. Direito da insolvência será o sector jurídico-normativo relativo a essa mesma realidade.

Como qualquer disciplina, o Direito da insolvência pode ser tomado em dupla acepção:

– na de um conjunto sistematizado de normas e de princípios;
– na de uma disciplina jurídico-científica.

Ambos os termos coincidiriam no núcleo "insolvência".

II. O Direito da insolvência versa, em geral:

– a situação do devedor impossibilitado de cumprir as suas obrigações pecuniárias;
– os esquemas de preservação e de agressão patrimoniais;
– o reconhecimento e a graduação das dívidas;
– a execução patrimonial e o pagamento aos credores;
– eventuais esquemas de manutenção da capacidade produtiva do devedor;
– a própria situação do devedor insolvente.

[5] *Vide* a introdução de REINHARD BORK, *Insolvenzordnung*, da Beck, 9.ª ed. (2004), X.

Tem, como se imagina, um importante nível processual. Mas corresponde, antes do mais, a um significativo campo substantivo: define, num momento crítico, diversos direitos e deveres das pessoas envolvidas.

III. O Direito da insolvência é, em bloco, considerado Direito privado. Ele é dominado por vectores de autodeterminação e de auto-responsabilidade, colocando frente a frente pessoas iguais em direitos. As suas estruturas são privadas e isso independentemente dos planos processuais; estes apenas visam a concretização da materialidade em jogo[6].

A natureza privada do Direito da insolvência pode ser seguida ao longo de todo o CIRE. Ela corresponde a múltiplas equações conceituais e culturais[7]: permanentemente, o Direito da insolvência faz apelo a categorias civis, em especial de Direito das obrigações.

IV. No âmbito do Direito privado, o Direito da insolvência é um ramo próprio do Direito da responsabilidade patrimonial. Recordamos os princípios clássicos dessa responsabilidade:

- pelo cumprimento da obrigação respondem todos os bens do devedor susceptíveis de penhora – 601.°;
- não sendo a obrigação voluntariamente cumprida, tem o credor o direito de exigir judicialmente o seu cumprimento e de executar o património do devedor – 817.°, ambos do Código Civil.

O Direito da insolvência é o lógico desenvolvimento destes postulados.

## 3. *Aspectos metodológicos*

I. O surgimento de um Código da insolvência com múltiplos aspectos muito inovadores, vai implicar, no imediato, um período de exegese. Há que apreender a nova sistemática e os múltiplos textos em que ela assenta. Serão traçadas as contraposições com os regimes anteriores. Aguardar-se-ão as primeiras decisões aplicativas e as análises dos comentadores e dos doutrinadores.

[6] Com indicações: HÄSEMEYER, *Insolvenzrecht*, 3.ª ed. cit., 9-10.

[7] Cf. o nosso *Tratado de Direito civil* I/1, 3.ª ed. (2005), 31 ss..

II. O CIRE acusa uma marcada influência alemã: particularmente da *Insolvenzordnung*, de 5-Out.-1994[8]. Pela nossa parte, consideramos, desde já, este aspecto como vantajoso. O Direito português, na tradição de Guilherme Moreira, vem mantendo um diálogo fecundo com a Ciência do Direito de além-Reno. Não há qualquer risco de descaracterização: é evidente que os elementos jurídico-científicos alemães, privados da sua língua de origem e adaptados à realidade nacional, estão longe do germanismo puro.

Mas em compensação, fica assegurada uma vitalidade científica que os nossos escassos centros universitários não podem atingir: como manter equipas, durante anos, a estudar, apenas, insolvências? Além disso, o Direito português conserva-se inconfundível com os dos seus vizinhos, no Sul da Europa: um ponto muito importante para a manutenção, no futuro, da especificidade da nossa cultura jurídica.

Seja como for: é natural, para mais nesta fase, que se privilegiem as fontes jurídico-científicas alemãs.

III. Finalmente: numa introdução ao nosso Direito da insolvência deve-se procurar surpreender o sistema, apontando as suas vertentes inovadoras. Os aspectos sectoriais interessar-nos-ão, sobretudo, enquanto exemplos para o que se pretende seja o novo sentido da responsabilidade patrimonial.

## II. **A evolução do Direito da insolvência**

### 4. ***O Direito romano***

I. As origens ocidentais da falência remontam ao Direito romano e, neste, à Lei das XII Tábuas[9]:

> Cabe recordar alguns aspectos do sistema romano da execução por dívidas e da sua evolução.
>
> Numa fase inicial, tudo seria entregue à justiça privada. Um primeiro progresso adveio da Lei das XII Tábuas, que procurou pôr cobro ao desforço pessoal, regulando as consequências do incumprimento.

[8] Cf. WOLFGANG BREUER, *Insolvenzrecht/Ein Einführung*, 2.ª ed. (2003), 1; a *Insolvenzordnung* (InsO) foi alterada, por último, por uma lei de 5-Abr.-2004, que transpôs, para o Direito interno alemão, a Directriz n.° 2002/47/CE, relativa a contratos de garantia financeira.

[9] Cf. ENDEMANN, *Die Entwicklung des Konkursverfahrens in der gemeinrechtlichen Lehre bis zu der Deutschen Konkursordnung*, ZZP 12 (1888), 24-96.

Como ponto de partida, a dívida devia ser confessada ou devia verificar-se a condenação judicial do devedor no seu cumprimento; prevenia-se, deste modo, qualquer arbítrio no domínio da existência da própria posição a defender. De seguida, havia que esperar trinta dias, durante os quais o devedor tentaria ainda arranjar meios para cumprir. Decorridos os trinta dias, dava-se a *manus iniectio indirecta:* o devedor era preso pelo tribunal (se fosse pelo próprio credor, ela seria *directa*) e, não pagando, era entregue ao credor que o levava para sua casa, em cárcere privado; aí podia ser amarrado, mas devia ser alimentado, conservando-se vivo. Durante sessenta dias ficava o devedor assim preso, nas mãos do credor, que o levaria consecutivamente a três feiras, com grande publicidade, para que alguém o resgatasse, pagando a dívida; nesse período, ele poderia pactuar com o credor o que ambos entendessem ou praticar o *se nexum dare,* entregando-se nas suas mãos como escravo. Se passado esse tempo nada se resolvesse, o credor podia tornar o devedor seu escravo, vendê-lo fora da cidade (*trans Tiberim*) ou matá-lo, *partes secanto* (esquartejando-o); havendo vários credores, as *partes* deviam ser proporcionais à dívida; mas se alguém cortasse mais do que o devido, a lei não previa especial punição.

Toda esta minúcia – que chegava ao ponto de fixar o peso máximo das grilhetas com que podia ser preso o devedor e de determinar o mínimo de alimentos que lhe deviam ser dados, enquanto estivesse no cárcere privado – traduzia já, ao contrário do que possa parecer, um progresso importante na caminhada tendente a tutelar a personalidade humana.

Novos passos foram dados, ainda no Direito romano. A *Lex Poetelia Papiria de nexis,* de 326 a. C., reagindo a graves questões sociais entretanto suscitadas[10], veio proibir o *se nexum dare* e evitar a morte e a escravatura do devedor.

Depois, admitiu-se que, quando o devedor tivesse meios para pagar, a ordem do magistrado se dirigisse à apreensão desses meios e não à prisão do devedor: pela *missio in possessionem* os bens eram retirados e vendidos, com isso se ressarcindo o credor.

A *Lex Julia* veio admitir que o próprio devedor tomasse a iniciativa de entregar os seus bens aos credores – *cessio bonorum* – evitando a intromissão infamante do tribunal.

II. Seja pela *missio in possessionem*, seja pela *cessio bonorum*, a execução do devedor inadimplente assumia uma feição patrimonial. Com determinados for-

[10] As peripécias que terão levado à aprovação desta lei podem ser seguidas em TITUS LIVIUS, *Ab urbe condita* 2.23 = FOSTER, *Livy in fourteen volumes*, ed. bilingue (1967), 1.° vol., 291-293 e *passim*; cf. JEAN IMBERT, *"Fides" et "nexum"*, St. Arangio-Ruiz (1953), 339-363 (342, 343 e 355) e SEBASTIÃO CRUZ, *Da "solutio"/terminologia, conceito e características, e análise de vários institutos afins*, I – *Épocas arcaica e clássica* (1962), 37, nota 58.

malismos [11]. No termo, operava a venda do património do insolvente: a *bonorum venditio*.

O adquirente – o *bonorum emptor* – comprava em bloco o património falimentar e ficava obrigado a pagar todos os débitos do falido, na proporção do preço por ele oferecido na hasta pública [12]. Pela compra, o *bonorum emptor* ficava sub-rogado nos direitos e obrigações que o falido tivesse contra terceiros. Dispunha de duas vias para actuar esses direitos, ou para ser convencido nas obrigações correspondentes, na base de duas *actiones utiles*: a *serviana*, pela qual o *bonorum emptor* era equiparado a um herdeiro, e a *rutiliana*, que operava uma transposição de nomes, na fórmula respectiva [13].

Apesar destes avanços, não se encontra, no Direito romano, um típico processo judicial que vise a repartição de um património sobreendividado pelos credores, de acordo com os seus direitos preexistentes [14] e isso, para mais, quando o património em jogo pertença a um comerciante. Os glosadores pouco mais avançaram, nesse sentido, do que a *missio in bona* romana [15].

III. O problema dos *mercatores cessantes et fugitivi* veio a ser, num primeiro tempo, enfrentado com medidas draconianas [16]. Apenas a profissionalização do comércio levou à ideia de que a quebra era sempre uma eventualidade comercial de encarar, cabendo enquadrá-la com um novo regime inteligente, capaz de minorar os danos para os credores, para o comércio em geral e para o próprio falido. Deve ainda esclarecer-se que a falência surgiu como um instituto tipicamente comercial. Tal a sua origem e tal a sua evolução, até que, nos nossos dias, ela veio a aproximar-se do Direito comum.

[11] Cf., em especial, Giovanni Elio Longo, *Esecuzione forzata (diritto romano)*, NssDI VI (1960), 713-722 (717 ss.), com indicações.

[12] De acordo com os exemplos das fontes, o preço costumava ficar abaixo do valor real do património, o qual já era insuficiente, em regra, para pagar as dívidas; daí que os credores do falido recebessem, apenas, uma pequena percentagem dos seus créditos.

[13] Cf. Longo, *Esecuzione forzata (diritto romano)* cit., 719/II.

[14] Trata-se da definição clássica de falência no Direito comum; cf. Hieronimus Bayer, *Theorie des Concurs-Prozesses nach gemeinem Rechte*, 4.ª ed. (1850), 3-4; a 1.ª ed. desta obra data de 1836.

[15] Endemann, *Die Entwicklung des Konkursverfahrens* cit., 34.

[16] Endemann, *Die Entwicklung des Konkursverfahrens* cit., 36.

## 5. *Evolução subsequente; tradições francesa, alemã e anglo-saxónica*

I. A falência, com os antecedentes apontados, resulta de institutos criados nas cidades italianas da baixa Idade Média [17].

As primeiras medidas relativas às falências eram fragmentárias; visavam pôr termo a aspectos abusivos mais marcados, surgindo um tanto ao sabor de condicionalismos pontuais. Houve um certo contributo peninsular para o tema das falências, sendo de referir a obra de Salgado de Samoza (1653) [18], clássico na matéria [19]. Samoza esclareceu, em especial, o tema dos diversos tipos de falência.

II. Uma primeira tentativa de codificar as falências surgiu em França, através da Ordenança de 1673. Apenas o Código de Comércio de 1807, de Napoleão, procedeu a uma regulamentação mais cabal da matéria. Fê-lo, porém, em termos muito severos para o comerciante falido [20], de tal modo que os próprios credores acabavam prejudicados: os comerciantes em dificuldades retardavam ao máximo a sua apresentação, o que conduzia, depois, a situações irrecuperáveis. O Livro III do *Code de Commerce* foi remodelado pela Lei de 28 de Maio de 1838, longamente em vigor. Mais tarde, tentar-se-iam encontrar esquemas alternativos à falência. Com efeito, toda esta tradição latina esteve marcada pela infâmia do comerciante e por medidas tendentes a defender os credores.

III. Uma tradição diversa é constituída pela experiência alemã, desde o início vocacionada para comerciantes e não-comerciantes [21]. O diploma pioneiro foi o Código das Falências prussiano, de 8-Mai.-1855, que serviu de base ao Código das Falências alemão de 10-Fev.-1877, preparado por Carl Hagens.

[17] BAYER, *Theorie des Concurs-Prozesses*, 4.ª ed. cit., 8 ss., J. KOHLER, *Lehrbuch des Konkursrechtes* (1891), 11 ss., LOTHAR SEUFFERT, *Deutsches Konkursprozessrecht* (1899), 7 ss., UMBERTO SANTARELLI, *Fallimento (storia del)*, DDP/SCom, vol. V (1990), 366-372 (367) e C. ACCORELLA/U. GUALAZZINI, *Fallimento (storia)*, ED XVI (1967), 220-232 (221). Entre nós, cf. PEDRO DE SOUSA MACEDO, *Manual de Direito das Falências*, vol. 1.° (1964), 21 ss..

[18] FRANCISCO SALGADO SAMOZA, *Labyrinthus creditorum concurrentium ad litem per debitorem communem inter illos causatam*.

[19] ENDEMANN, *Die Entwicklung des Konkursverfahrens* cit., 40 ss. e J. KOHLER, *Lehrbuch des Konkursrechtes* cit., 24 ss..

[20] Cf. JEAN ESCARRA, *Cours de Droit Commercial* (1952), 1038; a severidade teve a ver com especulações surgidas em torno dos fornecimentos aos exércitos franceses.

[21] BAYER, *Theorie des Concurs-Prozesses*, 4.ª ed. cit., 58 ss., ENDEMANN, *Die Entwicklung des Konkursverfahrens* cit., 48 ss., J. KOHLER, *Lehrbuch des Konkursrechtes* cit., 32 ss. e LOTHAR SEUFFERT, *Deutsches Konkursprozessrecht* cit., 10 ss..

O Código em causa, conhecido pela sigla KO (*Konkursordnung*), vigorou a partir de 1-Out.-1879, atravessando as mais variadas situações sócio-económicas[22]. A KO foi substituída pela *Insolvenzordnung* (*InsO*) que entrou em vigor em 1-Jan.-1999[23].

O sistema falimentar alemão não é especificamente dirigido a comerciantes, antes abrangendo a antiga "insolvência civil" latina. Por outro lado, salvo determinados abusos, ele não está marcado pela nota infamante que, desde a Idade Média, atinge a falência latina[24].

IV. Francamente diverso é o sistema anglo-saxónico do *bankruptcy*[25]. Baseada na *equity*, o *bankruptcy* pretende, antes do mais, recuperar o devedor infeliz. Não é infamante e acaba por ser benéfica para os credores, visto permitir, em termos latos, a manutenção das faculdades produtivas do património concursal.

## 6. *A experiência portuguesa*

I. O Direito português das Ordenações não instituía um verdadeiro sistema falimentar[26]. Apenas nas Ordenações Filipinas surgiam algumas regras. Designadamente, mandava-se os "... mercadores ..." que "... quebram de seus tratos ..." e levem bens,

> (...) serão havidos por públicos ladrões, roubadores, e castigados com as mesmas penas que por nossas Ordenações e Direito Civil, os ladrões publicos, se castigão, e percam a nobreza, e liberdades que tiverem para não haverem pena vil[27].

22 Cf. Fritz Baur/Rolf Stürner/Adolf Schönke, *Zwangsvollstreckungs- Konkurs- und Vergleichsrecht*, 11.ª ed. (1983), 380 ss..

23 Cf. Reinhard Bork, introdução à *Insolvenzordnung*, 9.ª ed. cit., X-XXI.

24 Quanto ao regime da KO cite-se, ainda, Otmmar Jauernig, *Zwangsvollstreckungs- und Konkursrecht*, 18.ª ed. (1987), 161 ss..

25 Cf. Francesco de Franchis, *Fallimento in diritto angloamericano*, DDP/SCom V (1990), 434-443. Quanto à evolução histórica marcada, também, pela suavização, cf. Roy Goode, *Commercial Law*, 2.ª ed. (1995), 845 ss..

26 Sobre toda esta matéria cf. Pedro de Sousa Macedo, *Manual de Direito das Falências*, vol. I cit., 33 ss.. Cf., ainda, Vasco Lobo Xavier, *Falência*, Pólis, 2.° vol. (1984), 1363-1367 (1363-1364).

27 *Ord. Fil.*, Liv. V, tit. LXVI – "Dos mercadores que quebram. E dos que se levantam com fazenda alheia", também *apud* Sousa Macedo cit., 37.

No entanto, já então se admitia a "falência" não fraudulenta:

> E os que cairem em pobreza sem culpa sua, por receberem grandes perdas no mar, ou na terra em seus tratos, e comercios licitos, não constando de algum dolo, ou malicia, não incorrerão em pena algum crime [28].

II. A matéria foi reformada pelo Marquês de Pombal [29]. Seria, no entanto, necessário aguardar as reformas liberais para assistir a verdadeiras codificações sobre o tema.

Assim, o Código Comercial de 1833 (Ferreira Borges) compreendia uma rubrica intitulada *Das quebras, rehabilitação do fallido e moratórias* [30]. O artigo 1121.° dispunha:

> Diz-se negociante quebrado aquelle, que por vício da fortuna ou seu, ou parte da fortuna e parte seu, se ache inhabil para satisfazer os seus pagamentos, e abandona o commercio.

III. A disciplina das falências foi retomada pelo Código Comercial de Veiga Beirão (1888) surgindo, aí, como Livro IV – artigos 692.° a 749.° – que tanto se ocupava das questões substantivas como das processuais. A partir de então, essa matéria conheceria várias vicissitudes [31]. Assim:

- a Lei de 13 de Maio de 1896, que aprovou o Código de Processo Comercial, autorizou o Governo a legislar sobre o processo das falências: este desempenhou-se, elaborando um Código das Falências, aprovado por Decreto de 26 de Julho de 1899 [32]; foi revogado, então, o Livro IV do Código de Veiga Beirão;
- o próprio Decreto de 26 de Julho de 1899, que encarregava o Governo de rever o Código de Processo Comercial determinava "... uma nova publicação oficial do Código de Processo Comercial, na qual deverá inserir-se este Código de Falências" – artigo 3.°; assim se fez: o Decreto de 14 de Dezembro de 1905 aprovou um novo Código de Processo Comercial, que englobou o anterior Código das Falências;

[28] *Idem*, n.° 8.

[29] Alvará de 13-Nov.-1756; cf. Sousa Macedo, ob. cit., 39-40.

[30] Cf. na ed. da Imprensa da Universidade de Coimbra, 1856, a p. 212.

[31] Cf. a resenha de Alberto dos Reis/Amaral Cabral, *Código Comercial Português*, 2.ª ed. (1946), 378.

[32] O respectivo relatório é assinado por Borges Cabral e pode ser confrontado em Barbosa de Magalhães, *Código de Processo Comercial Anotado*, 3.ª ed., 1.° vol. (1912), 17-31. Colhem-se, aí, interessantes elementos sobre a temática comercial da época.

– o Decreto n.° 25.981, de 26 de Outubro de 1935, veio aprovar um novo Código das Falências (Manuel Rodrigues)[33]; a disciplina ganhou, pois, outra vez autonomia;
– o Decreto-Lei n.° 29.637, de 28 de Maio de 1939 (preambular), que aprovou o novo Código de Processo Civil (Alberto dos Reis), revogou, no seu artigo 3.° o direito processual civil e comercial anterior, referindo expressamente o Código das Falências[34].

Assistiu-se, pois, a uma curiosa caminhada que levaria as falências do Código Comercial ao Código de Processo Civil, onde se têm mantido nas subsequentes reformas – Decreto-Lei n.° 44.129, de 28 de Dezembro de 1961, que, na forma, aprovou um novo Código, Decreto-Lei n.° 47.690, de 11 de Março de 1967 e Decreto-Lei n.° 242/85, de 9 de Julho, para além de outras reformas menores.

Esta evolução, a facultar conclusões genéricas, implicaria, no mínimo, a seguinte: a disciplina das falências tem sido sensível à necessidade de se integrar nos restantes vectores de ordem jurídica.

IV. Mais recentemente, a História parece repetir-se. Após prolongados trabalhos preparatórios, foi aprovada a Lei n.° 16/92, de 6 de Agosto, que autorizou o Governo a legislar em áreas que têm a ver com temáticas falimentares.

No uso dessa autorização legislativa, o Governo adoptou o Decreto-Lei n.° 132/93, de 23 de Abril, o qual aprovou o Código dos Processos Especiais de Recuperação da Empresa e da Falência[35]. Nos termos preambulares, o novo diploma procurou operar uma destrinça nítida entre empresas viáveis e inviáveis, de modo a recuperar as primeiras. Curiosamente, este então novo diploma foi sentido, pelos agentes económicos, como mais duro para com os devedores do que o anterior[36]. Adiante referiremos as grandes linhas deste diploma. Ele foi substituído pelo Código da Insolvência, ora em estudo, que dá corpo a uma filosofia distinta.

[33] *Diário do Governo*, I Série, n.° 248 de 26 de Outubro de 1935, 1556-1585.

[34] Cf., quanto a esse preceito, ALBERTO DOS REIS, *Comentário ao Código de Processo Civil*, 1.° (1944), 2.

[35] No manuseio deste diploma: LUÍS A. CARVALHO FERNANDES/JOÃO LABAREDA, *Código dos Processos Especiais de Recuperação da Empresa e de Falência anotado*, 3.ª ed. (1999).

[36] Quanto à tradicional problemática político-social subjacente à falência e que tem provocado uma oscilação entre as medidas preventivas e as repressivas, cf. UMBERTO NAVARRINI, *Trattato di diritto fallimentare*, 1.° vol. (1939), 8 ss.. Um breve apanhado relativo ao CPEF de 1993 consta da introdução de ANTÓNIO MOTA SALGADO à edição da Aequitas/Diário de Notícias.

## III. As reformas recentes

### 7. *A reforma francesa*

I. O Direito das falências conheceu, nos finais do século XX, reformas importantes[37]. Nesse ciclo inscrevem-se quer o CPEF português, quer o actual CIRE. Tanto basta para, do fenómeno, dar notícia.

II. Uma primeira e significativa reforma continental foi levada a cabo pelo Direito francês. A Lei de 11-Jul.-1985 aprovou um novo regime denominado "recuperação e liquidação judiciárias das empresas"[38]. Vejamos os seus antecedentes.

III. A matéria das falências sempre foi, em França, marcada por acentuada instabilidade[39]. O Código de Comércio de 1807 era caracterizado por uma grande severidade em relação ao comerciante falido: num prazo de três dias após a cessação de pagamentos, o comerciante era obrigado a entregar o seu balanço, sendo nulos todos os actos subsequentes; na preocupação de tutelar os credores, o processo era, depois, lento e pesado, com grandes custos; havia numerosas hipóteses de prisão, o que levava à fuga do comerciante, privando os síndicos de informações basilares. O esquema não provou, vindo a ser substituído pela Lei de 28-Mai.-1838; no fundamental, este diploma acelerava o processo, diminuindo os custos. Nova reforma sobreveio, em 4-Mar.-1889, sempre no sentido da suavização: o falido de boa fé conservava a gestão do património, sendo assistido por um "liquidador". Este quadro manteve-se até que, em 30-Out.-1935, nova reforma modificou diversos preceitos: acelerava-se o processo e consignavam-se especiais privilégios para os trabalhadores.

O Decreto de 20-Mai.-1955 substituiu todo o livro III do Código de Comércio, já muito retalhado; ele veio aprofundar a distinção entre as falências

[37] Cf. GERHARD HOHLOCH, *Sanierung durch "Sanierungsverfahren"? Ein rechtsvergleichender Beitrag zur Insolvenzrechtsreform*, ZGR 1982, 145-198 e HANS ARNOLD, *Insolvenzrechtsreform in Westeuropa*, ZIP 1985, 321-333; na origem deste movimento reformador estão as crises petrolíferas e a necessidade, sentida pelos Estados, de procurar proteger as empresas recuperáveis e os níveis de emprego.

[38] O texto respectivo pode ser confrontado no *Code de Commerce* da Dalloz, 99.ª ed. (2004), 1937 ss., com alterações e legislação complementar.

[39] Quanto à evolução inserida no texto, MICHEL JEANTIN, *Droit commercial/Instruments de paiement et de crédit/Entreprises en difficulté*, 4.ª ed. (1995), 331 ss..

de boa e de má fé. Este diploma foi considerado demasiado técnico-jurídico, em detrimento das realidades económicas.

IV. Irrompeu, depois deste ponto, uma nova filosofia: o Direito das falências não deve dirigir-se para o comerciante, variando consoante os juízos que este mereça: trata-se, antes, de salvar a empresa e os valores que ela envolve. Procura-se pois (é a ideia francesa) separar o homem e a empresa.

Em tal linha surgiu a Lei de 13-Jul.-1967, complementada pela Ordenança de 23-Set.-1967: deram um primeiro, ainda que limitado passo, nesse sentido. Novas reformas sobrevieram em 15-Out.-1981 e 9-Abr.-1982.

Tendeu-se, assim, para um direito das "empresas em dificuldade", em detrimento do velho Direito das falências.

V. A reforma francesa de 1985 veio completar esta evolução [40]. Ela teve em conta o *Bankruptcy Reform Act* de 1978. No fundamental, ela fixou objectivos legais, designadamente antepondo a recuperação de empresa. Esta deve ser conservada quanto possível, salvaguardando-se a sua actividade e o emprego. Os direitos dos credores surgem apenas em segunda linha. Nova reforma ocorre em 10-Jun.-1994. No fundamental, ela veio moralizar os planos de recuperação da empresa e simplificar o processo.

## 8. ***A reforma alemã***

I. Na Alemanha, um tipo de pensamento mais pragmático levaria a uma evolução diversa. Com efeito, foi aprovada, em 5-Out.-1994, a *Insolvenzordnung*. Cuidadosamente preparada [41], a *Insolvenzordnung* ou *InsO* teve, no essencial, os objectivos seguintes [42]:

– fortalecer a autonomia dos credores;

[40] Seguimos Michel Jeantin, *Droit commercial* cit., 345 ss.. Cf., ainda, Roberto Marinoni, *Il redressement judiciaire des entreprises nel diritto falimentare francese* (1989).

[41] A literatura relativa à reforma pode ser confrontada em Manfred Balz/Hans-Georg Landfermann, *Die neuen Insolvenzgesetze* (1995), XXIX ss.; neste campo cf., ainda, Ludwig Häsemeyer, *Insolvenzrecht*, 3.ª ed. cit., 68 ss..

[42] Hans Haarmeyer/Wolfgang Wutzke/Karsten Förster, *Handbuch zur Insolvenzordnung*, 2.ª ed. (1998), 10 e Wolfgang Breuer, *Insolvenzrecht/Eine Einführung*, 2.ª ed. (2003), 2 ss..

– tornar mais fácil e rápida a abertura do processo [43];
– reduzir os privilégios;
– aumentar a justiça na repartição dos valores [44];
– fortalecer a acção pauliana [45];
– alargar os fundamentos;
– incluir as garantias dos credores no processo;
– facilitar a recuperação;
– tratar convenientemente a insolvência do consumidor [46].

II. Após uma *vacatio* de quatro anos, a InsO entrou em vigor. Os especialistas dirigem-lhe algumas críticas: um diploma complexo, menos permeável a valores empresariais do que seria de esperar e pouco praticável no tocante à insolvência do consumidor [47]. Ela veio a ser aplicada em período de crise [48], acompanhando um número crescente de insolvências [49]. Estas, todavia, não lhe poderão ser imputadas.

III. O distanciamento possível permite considerar que o modelo alemão tem vindo a ganhar terreno [50]. A matéria da falência afasta-se do Direito comercial, acabando por constituir uma disciplina autónoma. A sua atenção à empresa e, na sequência, a operadores não empresários, vai distanciando-a do âmbito mercantil, integrando-a no processo executivo [51]. É ainda importante sublinhar a contínua suavização da falência, quando reportada a pessoas singulares, perfei-

[43] Cf. WALTER ZIMMERMANN, *Insolvenzrecht*, 3.ª ed. (1999), 5 ss. e STEFAN SMID, *Grundzüge des neuen Insolvenzrechts*, 3.ª ed. (1999), 62 ss.. Ainda quanto à abertura do processo e às consequências daí derivadas, cumpre referir, na obra maciça organizada por PETER GOTTWALD, *Insolvenzrechts-Handbuch* (1990), respectivamente, WILHELM UHLENBRUCK, 107 ss. e DIETER EICKMANN, 277 ss..

[44] Cf. HAARMEYER/WUTZKE/FÖRSTER, *Handbuch* cit., 591 ss..

[45] STEFAN SMIDT, *Grundzüge des neuen Insolvenzrechts*, 3.ª ed. cit., 236 ss. e ZIMMERMANN, *Insolvenzrecht*, 3.ª ed. cit., 139 ss..

[46] Cf. OTHMAR JAUERNIG, *Zwangsvollstreckungs- und Insolvenzrecht*, 21.ª ed. (1999), 290 ss..

[47] HAARMEYER/WUTZKE/FÖRSTER, *Handbuch* cit., 11.

[48] HEINZ VALLENDER, *5 Jahre Insolvenzordnung*, NZI 2004, 17-18.

[49] A evolução dos números pode ser confrontada em ULRICH FOERSTE, *Insolvenzrecht*, 2.ª ed. (2004), 2.

[50] Dissemo-lo, já, no nosso *Manual de Direito comercial* 1 (2001), 345.

[51] JAUERNIG, *Zwangsvollstreckungs- und Insolvenzrecht*, 21.ª ed. cit., 173 ss.; quanto ao processo executivo, o manual mais divulgado é: LEO ROSENBERG/HANS FRIEDHELM GAUL/EBERHARD SCHILKEN, *Zwangsvollstreckungsrecht*, 6.ª ed. (1999).

tamente documentada nos dois últimos séculos; afinal, a pessoa humana continua a ser a destinatária última de todo o Direito [52].

Veremos como esta evolução se projecta no nosso Direito.

## IV. **Aspectos gerais**

### 9. ***Princípios clássicos***

I. A acção de falência – que decorria, em princípio, perante um estado de falência, antes definido no artigo 1135.° do Código de Processo Civil como o do comerciante impossibilitado de cumprir as suas obrigações – opera como uma acção executiva universal e colectiva, com base em adequada sentença – artigos 1174.° e seguintes do mesmo Código. O CPEF veio referir uma situação de insolvência – artigo 3.° – como a da empresa que se encontre impossibilitada de cumprir pontualmente as suas obrigações, em virtude de o seu activo disponível ser insuficiente para satisfazer o seu passivo exigível [53]. O CIRE generalizou a ideia.

II. Na falência jogam-se interesses opostos que o Direito procura harmonizar; assim:

- o comerciante falido pretende retardar ou evitar a falência e, quando ela porventura se dê, atravessá-la com um mínimo de danos;
- os credores visam a obtenção de um máximo de valor, por forma a minorar os prejuízos que, em princípio, irão sofrer nos seus direitos de crédito;
- os terceiros aspiram à normal prossecução da sua actividade, sem serem afectados pelas operações falimentares que, a seu lado, venham a decorrer;
- a comunidade e o Estado desejariam, por fim, que a empresa em dificuldades as ultrapassasse, de modo a prosseguir na sua tarefa criadora de riqueza.

[52] Cf. JEAN-LUC VALLENS, *Droit de la faillite et droits de l'homme*, RDComm 50 (1997), 567-590.

[53] Trata-se da redacção introduzida pelo Decreto-Lei n.° 315/98, de 20 de Outubro; por consequência, devem ser liminarmente rejeitados os embargos em que os embargantes não demonstrem ter activo suficiente: RCb 9-Nov.-1999 (EDUARDO ANTUNES), CJ XXIV (1999) 5, 25-28.

Registe-se ainda que os diversos credores do falido, entre os quais, normalmente, o próprio Estado, têm, entre si, interesses antagónicos: dado o fenómeno do rateio, a vantagem de um é, tendencialmente, o prejuízo de outro.

III. A primeira preocupação da ordem jurídica, com vista ao enquadramento das posições conflituosas acima referenciadas e tendente à sua composição, dirige-se à celeridade e à simplificação processuais.

O factor tempo adquire, na falência, uma dimensão de primeiro plano. Desde o momento em que se anuncie algum dos motivos de declaração de falência e até ao termo da liquidação do património responsável, verifica-se uma situação de incerteza que paralisa os bens e veda as iniciativas dos agentes envolvidos. Os meios produtivos implicados são afectados, sendo ainda de aguardar deteriorações e desperdícios. E enquanto o processo se arrastar, acumulam-se, naturalmente, as próprias despesas motivadas por ele, pelos seus incidentes e pela manutenção e administração da massa falida.

A simplificação é requerida pela extraordinária complexidade das situações que, numa falência, tendem a ser debatidas. Na verdade, tratando-se de uma execução universal e, para mais, com interesses contrapostos, há que tornar firmes todas as situações jurídicas envolvidas, delimitando-as nos seus âmbitos e perfil normativos; tudo isso soma-se, ainda, aos clássicos temas das garantias gerais e especiais das obrigações que assumem, na falência, o ponto alto da sua existência. Podem ocorrer questões prévias, prejudiciais ou preliminares que, sendo consideradas – como não deixarão de ser, desde que pertinentes – alongam desmesuradamente todo o processo.

Ao apontar, entre os processos especiais, a falência, o Direito processual procurou apurar uma metodologia que acelere e simplifique as operações da liquidação de patrimónios, nela subjacentes.

IV. Um processo de falência assenta em múltiplas soluções jurídicas de tipo substantivo.

Ao Direito civil e comercial compete definir os direitos das partes envolvidas, os seus limites e as regras a observar quando, entre eles, se registem conflitos.

O domínio adjectivo da problemática em jogo não deve distorcer as saídas que, em cada momento histórico, os ordenamentos considerem justas. A bondade do procedimento falimentar, quanto à satisfação dos interesses em presença é, tão-só, a dos regimes substantivos implicados: tudo decorre em termos que tais regimes aflorem, sejam ponderados e dêem lugar às decisões mais oportunas.

Como segundo vector relativo à falência aponta-se, pois, o que se poderá chamar inoquidade dos procedimentos processuais: estes devem ser de tal ordem que não perturbem as soluções de fundo encontradas, pelo ordenamento, para as questões que se suscitem.

V. Finalmente, o processo de falência deve deixar incólume a possibilidade de decisão jurisdicional dos pontos litigiosos que se apresentem. Apenas no respeito do contraditório e perante a produção da prova que considere necessária, pode o Tribunal solucionar os múltiplos pleitos secundários que, muitas vezes, se acolhem a uma falência, una na sua aparência.

Aponte-se, pois, a salvaguarda das margens de decisão das diversas questões, dentro da falência.

### 10. *Situações especiais; a banca e os seguros*

I. Em sectores muito sensíveis, a lei optou por estabelecer regimes especiais em detrimento do sistema comum de recuperação de empresas e da falência. Trata-se, no fundamental, de proteger o público, prejudicado perante a cessação de actividade de entidades que actuem nos sectores em causa.

II. Assim sucede com as instituições de crédito: o RGIC, nos seus artigos 139.° e seguintes, prescreve um regime especial de saneamento, que procura contemplar os valores aí em jogo[54].

E assim sucede, também, com as companhias ou empresas de seguros: dada a necessidade de proteger os segurados, está previsto, nos artigos 109.° e seguintes do Decreto-Lei n.° 94-B/98, de 17 de Abril, um regime especial[55].

## V. O processo especial de recuperação de empresas e da falência

### 11. *A recuperação de empresas; o Decreto-Lei n.° 177/86, de 2 de Julho*

I. O Direito falimentar anterior tinha uma acentuada dimensão preventiva. Mais do que repartir com justiça o património do comerciante infeliz, pretende

[54] Cf. MENEZES CORDEIRO, *Manual de Direito bancário*, 2.ª ed. (2001), 116 ss.. Cf. a malograda Lei n.° 29/2004, de 17 de Julho, relativa ao saneamento das instituições de crédito, e cuja autorização caducou com a queda do Governo de SANTANA LOPES.

[55] Cf. ARNALDO FILIPE DA COSTA OLIVEIRA, *A protecção dos credores de seguros na liquidação de seguradoras/Considerações de Direito constituído e a constituir* (2000).

evitar-se a necessidade de o fazer. O CPEF tinha importantes dispositivos, nesse sentido. Ele foi antecedido pelo Decreto-Lei n.° 177/86, de 2 de Julho, que cumpre recordar em grandes linhas: ele teve o fito declarado[56] de promover a recuperação das "empresas". Foi, nessa medida, inovador.

Para tanto, o Decreto-Lei n.° 177/86 procurou a introdução,

> (...) com carácter sistematizado e coerente, de um direito pré-falimentar, intencionalizado à recuperação de empresa e à adequada protecção dos credores; com isto se tutelam, obviamente, os interesses dos trabalhadores[57].

O diploma, para além de ajustes de pormenor, introduziu uma nova modalidade de recuperação económica – a somar à concordata e ao acordo de credores que vinham já do regime anterior: a gestão controlada da empresa.

II. O Decreto-Lei n.° 177/86 abrangia 56 artigos, assim ordenados:

Capítulo I – Processo especial de recuperação da empresa e da protecção dos credores
- Secção I – Disposições gerais – 1.°-19.°
- Secção II – Concordata – 20.°-25.°
- Secção III – Acordo de credores – 26.°-32.°
- Secção IV – Gestão controlada – 33.°-49.°

Capítulo II – Disposições avulsas – 50.°-56.°

A matéria, particularmente inovatória, da gestão controlada surge no artigo 3.°/2 e nos artigos 33.° e seguintes. Todos estes aspectos serão abaixo analisados, a propósito do CPEF.

III. Parece importante sublinhar que, embora a filosofia do Decreto-Lei n.° 177/86 fosse, de facto, a de auxiliar as empresas, prevenindo a sua falência, ele não esqueceu os detentores de interesses diversos e, designadamente, os credores.

[56] Veja-se, nesse sentido, o preâmbulo desse diploma. No rescaldo, ainda, dos momentos revolucionários anteriores, lê-se, por exemplo, no preâmbulo em causa (n.° 1):

> E a empresa, perante as justas reivindicações sociais do movimento sindical, não interessa apenas aos detentores do capital, mas também, motivadamente, aos dadores de trabalho. Uma possessiva "teologia do capitalismo ficou-se nos caminhos do tempo".

[57] Preâmbulo, n.° 1.

Com efeito, o Decreto-Lei n.° 177/86, após um despacho inicial do juiz que – artigo 8.°/1 – verificaria os pressupostos da aplicação do diploma, previa um período de "observação" e, ainda diversas prorrogações, até que fosse adoptado um esquema de recuperação ou fosse declarada a falência da empresa.

Estas delongas jogam contra os credores, que não podem reaver os seus valores e que – não havendo recuperação – vêm agravar a situação da empresa.

Por isso, o artigo 11.° do Decreto-Lei n.° 177/86 suspendeu diversos prazos, deixando pairar o seguinte princípio essencial: o esquema da recuperação não pode ser invocado para prejudicar os credores. Já as regras e soluções nele previstas terão a aplicação que deles resulte.

IV. O dispositivo do Decreto-Lei n.° 177/86, de 2 de Julho, foi parcialmente alterado pelo Decreto-Lei n.° 10/90, de 5 de Janeiro.

Este diploma – como se anuncia, aliás, no seu preâmbulo – visou acelerar o procedimento recuperatório, pondo termo a alguns bloqueios revelados pela prática. Em simultâneo, os direitos dos credores eram respeitados.

### 12. *O Código dos Processos Especiais de Recuperação da Empresa e da Falência*; a) *A recuperação*

I. O CPEF, aprovado pelo Decreto-Lei n.° 132/93, de 23 de Abril, manteve, no essencial, as traves mestras que advinham já do Decreto-Lei n.° 177/86, de 17 de Junho. Este Código foi alterado, com certa profundidade, pelo Decreto-Lei n.° 315/98, de 20 de Outubro: um diploma que, para além do que apresenta como melhorias processuais, veio introduzir a "situação económica difícil" como novo pressuposto da providência de recuperação – artigo 3.°. Redenominou, ainda, o acordo de credores, o qual passou a designar-se "reconstituição empresarial" – artigo 4.°, ambos do CPEF, versão alterada. A assembleia de credores manteve o seu papel central.

II. Logo à partida, o CPEF vinha dar um papel – pelo menos formal – à empresa[58]. Além disso, extinguiu os privilégios creditórios[59], reforçou os

[58] À qual é reconhecida capacidade judiciária: cf. STJ 23-Abr.-1996 (CARDONA FERREIRA), CJ/Supremo IV (1996) 1, 167-170.

[59] Cf. RPt 24-Out.-1995 (EMÉRICO SOARES), CJ XX (1995) 4, 219-220; trata-se duma medida de aplicação imediata: RLx 28-Jun.-1998 (MARTINS DE SOUSA), CJ XXIV (1999) 1, 95-97 e RPt 19-Abr.-1999 (PAIVA GONÇALVES), CJ XXIV (1999) 2, 208-209.

poderes da comissão de credores e introduziu, como medida de recuperação, a reestruturação financeira: ambos estes pontos serão examinados mais abaixo.

Conceptualmente, o CPEF pôs cobro à clássica distinção entre a falência e a insolvência. Num plano organizatório, extinguiram-se as figuras do síndico e das câmaras de falência.

O devedor insolvente que não seja titular de empresa ou cuja empresa não exerça actividade, à data em que o processo for instaurado, não pode beneficiar do processo de recuperação: apenas pode evitar a declaração de falência, mediante a apresentação de concordata – artigo 27.° do CPEF.

III. O CPEF distinguia e regulava quatro tipos de providências de recuperação de empresas, que podiam ser requeridos no condicionalismo do seu artigo 8.° [60]: a concordata, a reconstituição empresarial, a reestruturação financeira e a gestão controlada.

A concordata consistia, segundo o artigo 66.°, na simples redução ou modificação da totalidade ou de parte dos débitos da empresa em situação de insolvência ou económica difícil, podendo a modificação traduzir-se numa simples moratória.

IV. A reconstituição empresarial – artigo 78.°/1 – consistia na constituição de uma ou mais sociedades destinadas à exploração de um ou mais estabelecimentos da empresa devedora, desde que os credores, ou alguns deles ou terceiros se disponham a assegurar e dinamizar as respectivas actividades. Trata-se de uma versão evoluída e flexibilizada do antigo acordo de credores.

V. A reestruturação financeira vinha definida, no artigo 87.° do CPEF, como [61]:

> (...) o meio de recuperação de empresa insolvente ou em situação económica difícil que consiste na adopção de uma ou mais providências destinadas a modificar a situação do passivo da empresa ou a alterar o seu capital, em termos que assegurem, só por si, a superioridade do activo sobre o passivo e a existência de um fundo de maneio positivo.

[60] A falência pode ser requerida a todo o tempo, enquanto se verificar a situação de insolvência; cf. RLx 25-Jan.-2000 (André Santos), CJ XXV (2000) 1, 89-91 (90).

[61] Na redacção dada pelo Decreto-Lei n.° 315/98, de 20 de Outubro, que se limitou, aqui, a introduzir a menção à empresa "em situação económica difícil".

As providências de reestruturação financeira surgia alinhadas no artigo 88.º[62]. Este preceito distingue entre providências com incidência no passivo da empresa e providências com incidência no activo.

Quanto às primeiras, temos:

*a*) A redução do valor dos créditos, quer quanto ao capital, quer quanto aos juros;
*b*) O condicionamento do reembolso de todos os créditos ou de parte deles às disponibilidades do devedor;
*c*) A modificação dos prazos de vencimento ou das taxas de juro dos créditos;
*d*) A dação em cumprimento de bens da empresa para extinção total ou parcial dos seus débitos;
*e*) A cessão de bens aos credores.

No que tange às segundas, referia a lei:

*a*) O aumento do capital da sociedade com respeito pelo direito de preferência dos sócios;
*b*) A conversão de créditos sobre a sociedade em participação no aumento de capital deliberado nos termos da alínea anterior, na parte não subscrita pelos sócios;
*c*) A reserva à subscrição de terceiros do aumento de capital deliberado nos termos da alínea *a*), na parte não subscrita;
*d*) A redução de capital para cobertura de prejuízos.

Alguma doutrina tem apontado a taxatividade destas medidas[63]. Mas na verdade, dadas as garantias que todo o processo dá – veja-se a homologação judicial! – e a necessidade de observar determinados princípios, não vemos qualquer obstáculo em adoptar medidas que não se insiram, geometricamente, nas alíneas apontadas.

O processo falimentar deve, precisamente, ser o oposto ao formalismo desconforme com as realidades sócio-económicas subjacentes. De todo o modo, a gravidade de algumas medidas exige apoio na lei.

[62] Cf. RCb 16-Jan.-1996 (Vergílio Oliveira), CJ XXI (1996) 1, 12-14.

[63] Assim, Carvalho Fernandes/João Labareda, *Código dos Processos Especiais de Recuperação de Empresa e da Falência Anotado*, 3.ª ed. cit., anotação 2.ª ao artigo 88.º (262); cf., também, Robin de Andrade, *Reestruturação financeira e gestão controlada como providências de recuperação*, RB 27 (1993), 77-92 (78). Estes autores suavizam, no entanto, a sua opinião, sublinhando a possibilidade de associar medidas provenientes de outras figuras recuperatórias.

VI. A gestão controlada, segundo o artigo 97.° do CPEF,

> (...) é o meio de recuperação da empresa insolvente ou em situação económica difícil que assenta num plano de actuação global, concertado entre os credores e executado por intermédio da nova administração, com um regime próprio de fiscalização.

O plano podia prever alguma ou algumas das iniciativas previstas no artigo 101.° do CPEF.

## 13. *Segue; a assembleia de credores*

I. Em todo o processo de recuperação, cumpre sublinhar o papel básico da assembleia de credores – artigos 28.° e seguintes do CPEF. Compete-lhe escolher, sendo esse o caso, alguma das providências de recuperação – cf. o artigo 54.° do CPEF. Vamos ilustrar os poderes de que dispõe à luz da reestruturação financeira.

II. A assembleia de credores tem, na reestruturação financeira, poderes alargados. O próprio artigo 88.°, acima citado, atribui-lhe a possibilidade de adoptar as providências de reestruturação financeira que se imponham, algumas das quais expropriativas[64].

Parece-nos evidente que não está aqui em causa qualquer problema de violação da propriedade privada e, daí, de inconstitucionalidade[65]. Os credores, pela má situação económica da empresa devedora, já tinham os seus direitos em grave prejuízo. As medidas de recuperação só aparentemente são expropriativas: na realidade, elas visam, sim, salvar, da "propriedade" dos credores, o que possa ser salvo, restituindo-lhes, quanto possível, o valor que lhes cabia.

III. Com recurso à jurisprudência da época, podemos apontar algumas proposições ilustrativas do papel importante conferido, por lei, à assembleia:

– compete aos credores (e não ao juiz) decidir adiamentos[66];
– na reestruturação financeira, o Tribunal não se sobrepõe à assembleia de credores[67];

[64] RLx 27-Mai.-1997 (Pinto Monteiro), CJ XXII (1997) 3, 96-97, referindo a constitucionalidade da alienação de participações, assim decidida.
[65] Assim, STJ 7-Out.-1999 (Herculano Namora), CJ/Supremo VII (1999) 2, 49-52 (51).
[66] REv 2-Nov.-1995 (Pita de Vasconcelos), BMJ 451 (1995), 533 (o sumário).
[67] RCb 16-Jan.-1996 (Vergílio Oliveira), CJ XXI (1996) 1, 12-14 (13/II).

- o Tribunal não introduz alterações no plano aprovado pelos credores[68];
- a assembleia de credores é soberana, tendo o juiz um mero controlo de legalidade[69].

IV. Finalmente, parece-nos importante sublinhar, sempre de acordo com a lógica do instituto e com apoio na jurisprudência, que a recuperação das empresas não deve ser sujeita a um rigorismo formalista[70]. Assim:

- o prazo do artigo 53.°/1 do CPEF podia ser ultrapassado, de modo a tudo se fazer para evitar a falência[71];
- a comissão de credores podia ser alterada, sem taxatividade de motivos[72].

V. A dispensa do formalismo implicava o incremento da boa fé. Deste modo e como exemplo, o trabalhador que acorde na assembleia a redução geral dos créditos da empresa a 30% renuncia, implicitamente, aos privilégios que lhe atribuía o artigo 12.°/1 da Lei n.° 17/86, de 19 de Junho[73].

## 14. *A falência e as suas consequências*

I. Não havendo lugar à recuperação – artigos 122.° e seguintes –, devia ser decretada a falência[74]. A competente sentença deve conter os elementos especificados no artigo 128.° do CPEF.

A massa falida corresponde ao conjunto de bens penhoráveis da pessoa que, por incorrer nalgum dos pressupostos previstos na lei, se sujeite ao processo de falência.

Perante os bens incluídos na massa, o falido ficava numa situação de inibição[75]; de facto, havendo falência declarada, ele não podia:

[68] STJ 24-Set.-1996 (Cardona Ferreira), CJ/Supremo IV (1996) 3, 11-14 (13/II).

[69] RCb 19-Nov.-1996 (Herculano Namora), CJ XXI (1996) 5, 11-13.

[70] Recorde-se: STJ 23-Abr.-1996 (Cardona Ferreira), CJ/Supremo IV (1996) 1, 167-170.

[71] RPt 27-Nov.-1995 (Guimarães Dias), BMJ 451 (1995), 512-513 (o sumário).

[72] RCb 27-Mai.-1997 (Ferreira Barros), CJ XXII (1997) 3, 24-25.

[73] RLx 12-Nov.-1997 (Constante Horta), BMJ 471 (1997), 451 (o sumário).

[74] Cf. STJ 18-Mai.-1999 (Ferreira de Almeida), CJ/Supremo VII (1999), 103-105 e RPt 3-Nov.-1998 (Emídio Costa), BMJ 481 (1998), 542 (o sumário).

[75] Cf. Pedro de Sousa Macedo, *Manual de Direito das Falências*, 2.° vol. cit., 63 ss., Manuel de Andrade, *Teoria geral da relação jurídica*, 2.° vol. (1970, reimpr.), 56 ss. e Fernando Olavo, *Direito comercial*, 1.° vol., 2.ª ed. (1970), 165 ss..

- administrar e dispor dos seus bens havidos ou que, de futuro, lhe advenham – artigo 147.°/1, do CPEF;
- actuar pessoal e livremente, sendo representado pelo administrador da falência para todos os efeitos, salvo quanto ao exercício dos seus direitos exclusivamente pessoais ou estranhos à falência – artigo 147.°/2, do mesmo Código;
- exercer o comércio, directamente ou por interposta pessoa, bem como desempenhar as funções de titular de órgão em qualquer sociedade comercial ou civil – artigo 148.°/1, ainda do diploma em causa.

No que toca às inibições relativas aos bens, deve frisar-se que o artigo 147.°/1 carece de uma interpretação integrada[76]. O falido pode adquirir, pelo seu trabalho, meios de subsistência (e logo dispor deles), bem como auxiliar na administração da massa, praticando certos actos – artigo 155.°/2.

Com estas precisões, subsiste pois, a afirmação inicial: a massa abrange os bens penhoráveis do falido.

II. A falência analisava-se numa projecção processual do princípio da responsabilidade patrimonial, particularmente adaptada à realidade do comércio. No termo de conturbada mas segura evolução histórica[77], pode considerar-se que, no inadimplemento, responde o património do devedor e não a sua pessoa.

Essa responsabilidade patrimonial é, no entanto e logicamente, limitada aos próprios bens do devedor; salvo havendo uma particular causa que envolva o terceiro ou os bens deste, apenas o património do devedor responde pelos seus débitos; tal o alcance do lapidar artigo 601.° do Código Civil[78].

Alargar a responsabilidade patrimonial aos bens de terceiros sem que, para tanto, exista título legitimador equivaleria a uma expropriação por utilidade particular e sem qualquer indemnização. Trata-se de um ponto que dispensará maiores considerações.

[76] Assim, FERNANDO OLAVO, *Direito comercial* cit., 1.° vol., 2.ª ed., 166 ss..

[77] Cf. MENEZES CORDEIRO, *Direito das obrigações* 1.° vol. cit., 155 ss..

[78] O artigo 818.° do Código Civil explicita as hipóteses de execução de bens de terceiro: tal sucede quando eles "... estejam vinculados à garantia do crédito, ou quando sejam objecto de acto praticado em prejuízo do credor, que este haja procedentemente impugnado". Sobre o tema em geral: MENEZES CORDEIRO, *Da falência e das benfeitorias e incorporações feitas por terceiros*, O Direito 120 (1988), 85-108.

Estes vectores podem ser transpostos para o domínio da falência, sem dificuldades: a massa não abrange, em princípio, os bens de terceiros.

III. O CPEF, com o fito de precisar alguns dos aspectos em jogo, estabelece ainda outras regras que podem repercutir-se na composição da massa falida; assim o artigo 156.°, relativo aos actos resolúveis em benefício da massa[79], ou o próprio artigo 147.°/1, que proclama o envolvimento dos bens que, futuramente, advenham ao falido.

Julga-se, contudo, que tais regras apenas concretizam os princípios basilares acima referenciados; não os põem em causa.

Foi ainda dito que a massa falida compreende um conjunto de bens. Embora consagrada, esta afirmação é pouco técnica: não se trata de bens, que constituem, tão-só, uma realidade objectiva, mas dos direitos a eles relativos. A massa inclui, pois, os direitos patrimoniais privados penhoráveis do falido[80].

Esta precisão permite formular uma observação do maior relevo: quando, sobre um bem, incidam vários direitos de diversos titulares, apenas cabem, em rigor, à massa, os direitos que pertençam à esfera patrimonial do falido; ficam sempre ressalvados os direitos de terceiros.

IV. Diversos actos celebrados pelo falido podiam ter destinos a decidir, quando ainda estejam em execução. Temos regras quanto à compra e venda (161.° a 164.°), quanto à promessa[81] (164.°-A), quanto à associação em participação (166.°), quanto ao mandato e à comissão (167.°), quanto à agência (168.°), quanto ao arrendamento (169.° e 170.°) e quanto à própria posse (171.°).

Também os contratos de trabalho têm regras específicas (172.° a 174.°).

## VI. **O Código da Insolvência**

### 15. ***A Lei n.° 39/2003, de 22 de Agosto (autorização legislativa)***

I. A aprovação do Código da Insolvência foi precedida por uma autorização legislativa da Assembleia: a Lei n.° 39/2003, de 22 de Agosto. Efectiva-

[79] Cf. RCb 26-Out.-1999 (ARTUR DIAS), CJ XXIV (1999) 4, 44-48.

[80] Também se pode falar em "direitos susceptíveis de expropriação forçada"; cf. VIRGILIO ANDRIOLI, *Fallimento (diritto privato e processuale)*, ED XVI (1967), 264-462 (390).

[81] Cf. RLx 12-Out.-1999 (QUINTA GOMES), CJ XXIV (1999) 4, 122-124.

mente, o Código veio reger alguns aspectos que se incluem na reserva relativa de competência legislativa do Parlamento, tal como resulta do artigo 165.° da Constituição.

II. A Lei n.° 39/2003 consta de 13 artigos, com o seguinte teor geral:

1.° Objecto;
2.° Estado e capacidade das pessoas;
3.° Disposições penais;
4.° Regras de competência territorial;
5.° Competências do juiz;
6.° Competências do Ministério Público;
7.° Recursos;
8.° Exoneração do passivo de pessoas singulares;
9.° Benefícios fiscais no âmbito do processo de insolvência;
10.° Alterações ao Código Penal;
11.° Alterações à Lei de Organização e Funcionamento dos Tribunais Judiciais;
12.° Alterações ao Código de Processo Civil;
13.° Duração.

Como se vê, temos aqui matérias que se prendem com as seguintes alíneas do artigo 165.° da Constituição:

*a*) Estado e capacidade das pessoas;
*c*) Definição dos crimes, penas, medidas de segurança e respectivos pressupostos, bem como de processo criminal;
*i*) Criação de impostos e sistema fiscal (...);
*p*) Organização e competência dos tribunais e do Ministério Público (...).

Além disso, o Código da Insolvência pode implicar a extinção de alguns direitos patrimoniais privados: trata-se de matéria que toca em direitos fundamentais e, ainda, na igualdade.

III. Dos aspectos envolvidos importa reter os que se prendam com o Direito da insolvência. A tal propósito, sublinhe-se o objecto do Código, tal como previsto no artigo 1.°/2:

> (...) um processo de execução universal que terá como finalidade a liquidação do património de devedores insolventes e a repartição do produto obtido pelos credores ou a satisfação destes pela forma prevista num plano de insolvência que, nomeadamente, se baseie na recuperação da empresa compreendida na massa insolvente.

A ideia de devedor insolvente é expressamente definida no artigo 2.°/1 da lei em causa: será o que se encontre impossibilitado de cumprir as suas obrigações vencidas. O n.° 2 desse preceito alarga a noção às pessoas colectivas, às associações e às sociedades sem personalidade jurídica.

IV. Outros aspectos importantes do novo regime podem ser respigados da Lei n.° 39/2003. Assim e quanto ao estado e capacidade das pessoas:

- a declaração de insolvência priva imediatamente o insolvente, por si ou pelos seus administradores, dos poderes de administração e de disposição da massa insolvente, os quais passam a competir ao administrador da insolvência – 2.°/4;
- o processo pode prever um incidente de qualificação da insolvência como fortuita ou culposa – 2.°/5; sendo culposa, o juiz determinará a inibição do insolvente ou dos seus administradores para o exercício do comércio ou para cargos de administração até 10 anos – 2.°/7 – bem como a sua inabilitação – 2.°/8.

V. Ainda um relevo particular assiste à possibilidade, conferida pelo artigo 8.°, de exoneração do passivo das pessoas singulares: mediante a verificação de várias condições aí referidas.

A panorâmica da lei de autorização legislativa, no tocante ao direito da insolvência, é limitada: abrange apenas os pontos sujeitos a autorização legislativa.

## 16. *O Decreto-Lei n.° 53/2004, de 22 de Agosto (diploma preambular)*

I. O Código da Insolvência foi aprovado pelo Decreto-Lei n.° 53/2004, de 22 de Agosto [82]. Trata-se de um diploma precedido por um largo preâmbulo explicativo – 52 números, em 8 pp. a duas colunas, do *Diário da República* – que sublinha as opções básicas do novo diploma e os seus aspectos inovatórios mais marcantes.

II. O próprio Decreto-Lei n.° 53/2004 compõe-se de treze artigos:

1.° Aprovação do Código da Insolvência e da Recuperação de Empresas;
2.° Alterações ao Código Penal;

[82] DR I-A, n.° 66, de 18-Mar.-2004, 1402-1465.

3.° Aditamento ao Código Penal;
4.° Alterações ao Código de Processo Civil;
5.° Alteração do regime do registo informático de execuções;
6.° Alteração ao Código do Registo Civil;
7.° Alteração ao Código do Registo Comercial;
8.° Alteração à Lei de Organização e Funcionamento dos Tribunais Judiciais;
9.° Alteração ao Regulamento Emolumentar dos Registos e Notariado;
10.° Norma revogatória;
11.° Remissão para preceitos revogados;
12.° Regime transitório;
13.° Entrada em vigor.

O Código da Insolvência é aprovado pelo artigo 1.°, publicando-se em anexo ao diploma.

III. Como se vê, dos treze artigos do Decreto-Lei n.° 53/2004, oito referem-se a alterações em diplomas complementares: os códigos Penal, de Processo Civil, do Registo Civil e do Registo Comercial e, ainda, ao regime do registo informático da execução e à Lei de Organização e Funcionamento dos Tribunais Judiciais.

O artigo 10.° revoga o Código dos Processos Especiais de Recuperação da Empresa e de Falência, de 1993, enquanto o artigo 11.° dispõe sobre as remissões para preceitos revogados, reportando-os ao novo Código.

IV. Quanto ao Direito transitório: o CPEF de 1993 continua a aplicar-se aos processos de recuperação da empresa e de falência pendentes à data da entrada em vigor do Código da Insolvência – 12.°/1.

Finalmente: foi prevista uma *vacatio* de 180 dias: o Código da Insolvência entraria assim em vigor a 15-Set.-2004.

## 17. *O Decreto-Lei n.° 200/2004, de 18 de Agosto*

I. Em plena *vacatio*, o Código da Insolvência foi alterado: pelo Decreto-Lei n.° 200/2004, de 18 de Agosto[83]. Este diploma explica, no seu preâmbulo, a sua própria razão de ser. Diz, designadamente:

> A necessidade de assegurar que a entrada em vigor de uma reforma desta

[83] DR I-A, n.° 194, de 18-Ago.-2004, 5260-5316.

envergadura não é prejudicada por eventuais dúvidas que a redacção legal possa suscitar nos operadores judiciários exige que se procedam a pequenas correcções e ajustamentos que, entretanto, se verificaram ser necessários.

II. Isto posto, o preâmbulo clarifica que foram rectificadas remissões, erros ortográficos ou gramaticais e clarificações pontuais de redacção. Além disso, foram introduzidas três alterações de fundo que "... não afectam minimamente a filosofia da reforma". São elas:

– o oferecimento de provas só é obrigatório quando seja um terceiro a requerer a insolvência;
– as impugnações das reclamações de créditos serão imediatamente consideradas procedentes quando às mesmas não seja oposta qualquer resposta;
– a assembleia de credores pode reunir para aprovação do plano de insolvência logo após o termo do prazo para impugnação da lista de credores reconhecidos; a aprovação de tal plano exige, agora, a aprovação pela maioria dos votos correspondentes a créditos não subordinados.

III. O Decreto-Lei n.° 200/2004 alterou, depois, 37 artigos do Código da Insolvência: 12.°, 17.°.

O seu artigo 2.° refere a republicação, em anexo, do Código da Insolvência, no seu todo, enquanto o artigo 3.° fixa a entrada em vigor do novo Código: 15-Set.-2004, agora apontado directamente.

## 18. *Legislação complementar*

A publicação do Código da Insolvência foi acompanhada pela de alguma regulação complementar. Temos:

– o Decreto-Lei n.° 54/2004, de 18 de Março, que estabelece o regime jurídico das sociedades de administradores da insolvência;
– a Lei n.° 32/2004, de 22 de Julho, relativa ao estatuto do administrador da insolvência;
– a Portaria n.° 1039/2004, de 13 de Agosto, que aprova vários modelos a serem juntos ao plano de pagamentos;
– a Portaria n.° 51/2005, de 20 de Janeiro[84], que fixa a remuneração do administrador da insolvência;

[84] Com Declaração de Rectificação n.° 25/2005, de 22 de Março.

– a Portaria n.° 265/2005, de 17 de Março, que aprova o modelo de cartão de identificação dos administradores da insolvência.

## 19. *O sistema geral do Código da Insolvência*

I. O Código da Insolvência está ordenado em dezassete títulos. Tais títulos dividem-se em capítulos subdivididos, nalguns casos, por secções.

Eis a panorâmica dos títulos:

I – Disposições introdutórias (1.° a 17.°);
II – Declaração da situação de insolvência (18.° a 45.°);
III – Massa insolvente e intervenientes no processo (46.° a 80.°);
IV – Efeitos da declaração de insolvência (81.° a 127.°);
V – Verificação dos créditos. Restituição e separação de bens (128.° a 148.°);
VI – Administração e liquidação da massa insolvente (149.° a 171.°);
VII – Pagamento aos credores (172.° a 184.°);
VIII – Incidentes de qualificação da insolvência (185.° a 191.°);
IX – Plano de insolvência (192.° a 222.°);
X – Administração pelo devedor (223.° a 229.°);
XI – Encerramento do processo (230.° a 234.°);
XII – Disposições específicas da insolvência de pessoas singulares (235.° a 266.°);
XIII – Benefícios emolumentares e fiscais (267.° a 270.°);
XIV – Execução do Regulamento (CE) n.° 1346/2000, do Conselho, de 29 de Maio (271.° a 274.°);
XV – Normas de conflitos (275.° a 296.°);
XVI – Indiciação de infracção penal (297.° a 300.°);
XVII – Disposições finais (301.° a 304.°).

II. Existem dois grandes sistemas de ordenação de diplomas:

– sistema dogmático;
– sistema funcional.

O sistema dogmático ordena a matéria em função de categorias jurídico-científicas: o exemplo mais claro é o Código Civil. O sistema funcional opera com recurso à marcha do processo, seguindo o seu desenvolvimento dinâmico: o exemplo, ainda que parcelar, é o Código de Processo Civil.

O Código da Insolvência segue, predominantemente, o sistema funcional.

III. Todo o sistema é diverso. Tem um novo equilíbrio, o qual está claramente ao serviço de uma Filosofia diferente. De todo o modo, salientamos como títulos especialmente interessantes, para uma apresentação geral do novo Código:

I – Disposições introdutórias;
II – Declaração da situação de insolvência;
IX – Plano de insolvência.

## 20. *As disposições introdutórias*

I. O artigo 1.° apresenta a finalidade do processo de insolvência:

- a execução universal para liquidação do património do devedor insolvente;
- a repartição do produto obtido pelos credores;
- ou a satisfação destes pela forma prevista num plano de insolvência.

Havendo plano de insolvência: poderá este basear-se na recuperação da empresa compreendida na massa insolvente.

Temos, aqui, novidades importantes. Aparece um único processo, com supressão da antiga recuperação de empresas.

II. O artigo 2.°/1 fixa os sujeitos passivos da insolvência: fundamentalmente pessoas singulares, pessoas colectivas e pessoas rudimentares. O n.° 2 procede a uma delimitação negativa, excluindo da insolvência comum as pessoas colectivas públicas e as entidades públicas empresariais. Ficam também exceptuadas as empresas de seguros, as instituições de crédito, as sociedades financeiras e determinadas empresas de investimento, mas apenas na medida em que o processo de insolvência seja incompatível com os regimes especiais previstos para essas entidades.

O CPEF referia, genericamente, as empresas passíveis de recuperação. Quanto a insolventes que não fossem empresas: sujeitavam-se, salvo concordata particular, à falência directa. Tudo isto desaparece com o novo Código.

III. O artigo 3.° define situação de insolvência. Ele abrange um critério principal, completado, para as pessoas colectivas, por critérios acessórios. Assim:

– critério principal: o devedor encontra-se impossibilitado de cumprir as suas obrigações vencidas [85];
– critério acessório: as pessoas colectivas e os "patrimónios autónomos", por cujas dívidas nenhuma pessoa singular responde pessoal e ilimitadamente, por forma directa ou indirecta: quando o passivo for manifestamente superior ao activo, com as correcções previstas no n.° 3.

À situação de insolvência actual é equiparada a iminente, quando o próprio devedor se apresente à insolvência [86].

## 21. *Segue*; b) *Noções legais*

I. O Direito falimentar foi, ao longo dos tempos, fixando uma terminologia específica [87]. O Código da Insolvência veio modificar algumas das locuções já habituais. O legislador teve, por isso, o cuidado de apresentar, de modo explícito, algumas das noções novas. Assim:

– a data da insolvência equivale ao dia (e à hora) em que a respectiva sentença foi proferida (4.°/1);
– a empresa é definida como toda a organização de capital e de trabalho destinada ao exercício de qualquer actividade económica (5.°);
– os administradores são aqueles a quem, nas pessoas colectivas, incumba a administração ou liquidação da entidade ou património em causa; nas pessoas singulares, os seus representantes legais e mandatários com poderes gerais de administração (6.°/1) [88];
– os "responsáveis legais" são as pessoas que respondam pessoal e ilimitadamente pela generalidade das dívidas do insolvente, ainda que a título subsidiário (6.°/2).

II. Será, depois, um trabalho de exegese do Código da Insolvência o verificar até que ponto estas noções são efectivamente utilizadas nas diversas disposições.

[85] Till Weber, *Zur Definition der Zahlungsunfähigkeit nach der InsO*, ZInsO 2004, 66-71 e Breuer, *Insolvenzsrecht*, 2.ª ed. cit., 50-51.
[86] Breuer, *Insolvenzsrecht*, 2.ª ed. cit., 52-53.
[87] Um "glossário": Breuer, *Insolvenzsrecht*, 2.ª ed. cit., 7-10.
[88] Crítico: Luís Menezes Leitão, *Código da Insolvência e da Recuperação de Empresas*, 2.ª ed. (2005), 49.

## 22. *Segue*; c) *Preceitos processuais*

I. Ainda no domínio das disposições introdutórias, cumpre chamar a atenção para diversos preceitos que têm uma imediata configuração processual.

O artigo 7.° trata do tribunal competente[89]. Mais precisamente:

- é competente o tribunal da sede ou do domicílio do devedor ou do autor da herança, à data da morte e, ainda, o do lugar onde o devedor tenha o centro dos seus principais interesses[90];
- a instrução e decisão de todos os termos do processo de insolvência, bem como dos seus incidentes ou apensos, compete sempre ao juiz singular.

II. O próprio processo de insolvência, uma vez instaurado, tem as seguintes particularidades:

- a instância do processo não é passível de suspensão, excepto nos casos expressamente previstos no próprio Código (8.°/1): de notar, desde já, a suspensão prevista no artigo 10.°, no caso de falecimento do devedor: o processo corre, então, contra a herança jacente, que se mantém indivisa, até ao encerramento do mesmo, podendo ser suspenso pelo prazo, não prorrogável, de cinco anos, quando um sucessor do devedor o requeira e o juiz considere conveniente a suspensão;
- ela suspende-se caso, contra o mesmo devedor, corra processo de insolvência, primeiro instaurado (8.°/2);
- o processo de insolvência, incluindo todos os seus incidentes, apensos e recursos, tem carácter urgente e goza de precedência sobre o serviço ordinário do tribunal (9.°/1);
- as citações, notificações, publicações e registos gozam de regimes mais expeditos (9.°/2 a 5);
- as autoridades públicas titulares de créditos podem, a todo o tempo, confiar a mandatários especiais a sua representação no processo de insolvência, em substituição do Ministério Público (13.°).

[89] FOERSTE, *Insolvenzrecht*, 2.ª ed. cit., 22-24.

[90] Entendendo-se como tal aquele em que ele os administre, de forma habitual e cognoscível por terceiros.

III. Temos, depois, desvios importantes em relação aos princípios gerais do processo:

- o princípio do inquisitório: no processo de insolvência, embargos e incidente de qualificação de insolvência, a decisão do juiz pode ser fundada em factos que não tenham sido alegados pelas partes – artigo 11.°; há um desvio perante o artigo 664.° do Código de Processo Civil[91];
- a quebra do contraditório: a audiência do devedor, incluindo a citação, pode ser dispensada quando acarrete demora excessiva o facto de residir no estrangeiro ou ter paradeiro desconhecido (12.°/1);
- o grau único de recurso: salvo determinadas oposições de julgados, não há recurso dos acórdãos proferidos pelo tribunal da relação (14.°/1).

IV. Resta acrescentar que o valor da acção de insolvência é o do activo do devedor (15.°), que ficam ressalvados certos procedimentos especiais (16.°) e que o Código de Processo Civil tem aplicação subsidiária (17.°).

## VII. **Medidas inovatórias**

### 23. ***Enumeração***

I. O Código da Insolvência é estruturalmente novo. A continuidade em relação ao Direito anterior é assegurada pela Ciência do Direito. Se procurarmos enumerar as grandes linhas inovatórias, encontramos[92]:

- a primazia da satisfação dos credores;
- a ampliação da autonomia privada dos credores;
- a simplificação do processo.

Estas linhas vêm, depois, entrecruzar-se em todo o Código, dando azo às mais diversas e inovatórias soluções.

II. Num moderno Direito da insolvência, existe um conjunto de questões económicas e políticas que cumpre ter presentes. Como auxiliar, podemos con-

[91] Indo-se muito além do artigo 264.° do mesmo diploma.

[92] Em geral: CATARINA SERRA, *O novo regime português da insolvência/Uma introdução*, 2004.

tar com a análise económica do Direito da insolvência[93]. Deverão ser ponderados os interesses dos credores, a concorrência e a concentração das empresas e o mercado de trabalho. Mas também opções como a dupla emprego/desenvolvimento e, naturalmente, a tutela das pessoas, devem ser tidas em boa conta.

Sobre tudo isto vão, depois, assentar os "custos da transacção": tanto maiores quanto mais complexo, mais demorado e mais inseguro for o processo de insolvência. Fica bem claro que estes "custos da transacção" podem comprometer todos os outros objectivos do processo falimentar.

Pede-se um processo eficaz, que respeite a verdade material[94], mas que conduza a um epílogo rápido. Quanto mais depressa for possível entregar a falência aos credores, mais cedo ficará o Estado – particularmente na sua vertente jurisdicional – exonerado de uma responsabilidade que, de todo, não lhe incumbe.

## 24. *A primazia da satisfação dos credores*

I. Como verificámos aquando das reformas vintistas das leis da falência, a problemática sócio-económica ligada aos temas concursais levou os legisladores a privilegiar soluções que permitissem a recuperação das empresas. E a esse propósito, vimos como a ideia foi acolhida, entre nós, através do Decreto-Lei n.° 177/86, de 2 de Julho e, depois, pelo Código dos Processos Especiais de Recuperação de Empresa e da Falência.

A prática do sistema mostrou ser mau caminho. As empresas em dificuldades não se recuperam, pela natureza das coisas, só por si. A obrigatoriedade de percorrer o calvário da recuperação para, depois, encarar a fase concursal, traduzia-se, em regra, num sorvedouro de dinheiro, com especiais danos para os credores e os próprios valores subjacentes à empresa.

II. Podemos apontar três causas para essa situação:

- a empresa recuperável deve ser retomada pelos novos donos sem passivo; ora a sua assunção no quadro da "recuperação" tendia a implicar a manutenção de passivos anteriores;

93 HASEMEYER, *Insolvenzrecht*, 3.ª ed. cit., 77 ss., com indicações.

94 NEIL ANDREWS, *The Pursuit of Truth in Modern English Civil Proceedings*, ZZPInt 8 (2003), 69-96.

– o processo de recuperação era lento; durante muitos meses, a empresa via aumentar o seu défice, de tal modo que a recuperação se ia desvanecendo;
– as dificuldades de recuperação afastavam, do processo, os empresários mais dinâmicos e capazes; foi-se criando uma categoria de agentes que tiravam partido da situação sem, necessariamente, pretenderem relançar empresas.

No fundo, havia um remar contra o mercado, só possível em cenários nos quais o Estado admitisse injectar importâncias maciças, para tornear as dificuldades. Como contraponto, apenas uma vantagem: o arrastamento das situações levava os trabalhadores a, progressivamente, procurar novos empregos, permitindo, aos poucos, convencer as pessoas da inevitabilidade do encerramento da empresa.

III. A primazia do interesse dos credores – cf. artigo 46.°/1 – pretende afastar o óbice da recuperação: esta deixa de ser o fim último do processo; surge à frente, como mera eventualidade, totalmente dependente da vontade dos credores.

Mas esta primazia não funcionaria, apenas, em detrimento da empresa: ela exige, também, o sacrifício de terceiros que tenham contratado com a entidade insolvente. Donde o princípio geral do artigo 102.°/1, referente a negócios ainda não cumpridos: o seu cumprimento fica suspenso até o administrador da insolvência declarar optar pela execução ou recusar o cumprimento.

Temos um mundo de possibilidades, de acordo com os contratos em presença. O CIRE dispõe sobre venda com reserva de propriedade (104.°), venda sem entrega (105.°), contrato-promessa (106.°), operações a prazo (107.°), locação (108.° e 109.°), mandato e gestão (110.°), prestação duradoura de serviço (111.°), procurações (112.°), trabalho (113.°), prestação de serviço (114.°), cessão e penhor de créditos futuros (115.°), contas correntes (116.°), associação em participação (117.°) e agrupamento complementar de empresas e agrupamento europeu de interesse económico (118.°).

IV. De um modo geral, a preocupação do novo regime é a de permitir, sendo esse o caso, o termo dos contratos envolvidos na falência, sem maiores encargos para os credores. Haverá, caso a caso, que procurar, nos regimes dos contratos expressamente versados no CCRE e nas regras neste previstas, as bases para a aplicação a outros negócios.

Por curiosidade: na ordem alemã, têm ocasionado especial atenção as situações de reserva de propriedade [95], de mútuo [96] ou de garantias pessoais [97], de trabalho [98], de locação [99] e de Direito de autor [100].

## 25. *A ampliação da autonomia privada dos credores*

I. A reforma não se limitou a reconhecer a primazia da satisfação dos credores, como o objectivo último de todo o processo: ela consigna meios directos para a prossecução desse encargo e, designadamente: coloca nas mãos dos credores as decisões referentes ao património do devedor e à sua liquidação.

II. A autonomia privada dos credores denota-se nos pontos mais diversos:

- qualquer credor, mesmo condicional, pode requerer a insolvência, nas condições do artigo 20.° [101]; pode, também, requerer medidas cautelares – 31.°;
- os credores podem eleger quem entenderem para o cargo de administrador, em detrimento do administrador provisório indicado pelo juiz – 53.°/1 [102]; fixarão, nessa altura, a sua remuneração – 60.°/2 [103]; a posição do administrador deve ser funcionalizada [104];

[95] NATASCHA KUPKA, *Die Behandlung von Vorbehaltskäufers nach der Insolvenzrechtsreform*, InVo 2003, 213-222.

[96] WOLFGANG MAROTZKE, *Darlehen und Insolvenz*, ZInsO 2004, 1273-1283.

[97] Cartas de conforto: UWE PAUL, *Patronatserklärungen in der Insolvenz der Tochtergesellschaft*, ZInsO 2004, 1327-1329.

[98] WOLFGANG MAROTZKE, *Die Freistellung von Arbeitnehmern in der Insolvenz des Arbeitgebers*, InVo 2004, 301-316.

[99] VOLKHARD FRENZEL/NIKOLAUS SCHMIDT, *Die Mietforderung nach Anzeige der Masseunzulänglichkeit in der Insolvenz des Mieters*, InVo 2004, 169-172, ANDREAS RINGSTMEIER, *Abwicklung von Mietverhältnisse in masseunzulänglichen Insolvenzverfahren*, ZInsO 2004, 169-174 e PETER VON WILMOWSKY, *Der Mieter in Insolvenz: die Kündigungsperre*, ZInsO 2004, 882-888.

[100] BARBARA STICKELBROCK, *Urheberrechtliche Nutzungsrechte in der Insolvenz*, WM 2004, 549-563.

[101] De notar que o artigo 98.°/1 prevê um "prémio" para o devedor requerente.

[102] HARALD HESS/NICOLE RUPPE, *Answahl und Einsetzung des Insolvenzverwalters*, NZI 2004, 641-645.

[103] Com alguns elementos: PETER DEPRÉ/GÜNTER MAYER, *Die Vergütung des Zwangsverwalters nach dem "dritten Entwurf"*, InVo 2004, 1-3.

[104] KURT BRUDER, *Auskunftsrecht und Auskunftspflicht des Insolvenzverwalters und seiner Mietarbeiter*, ZVI 2004, 332-336.

– a assembleia de credores pode prescindir da existência da comissão de credores, substituir os seus membros, aumentar o seu número ou criar a comissão, quando o juiz não a tenha previsto – 67.°/1;
– em toda a lógica da insolvência prevalece a assembleia de credores – 80.°;
– a assembleia de credores delibera sobre a manutenção em actividade do estabelecimento ou estabelecimentos ou sobre o seu encerramento – 156.°/2; ela dá ainda o seu consentimento para actos jurídicos especialmente relevantes – 161.°/1; o n.° 3 desse preceito enumera, a título exemplificativo, os actos de especial relevo, os quais incluem a venda da empresa;
– a assembleia de credores pode aprovar um plano de insolvência – 192.° e seguintes;
– a assembleia de credores pode pôr termo à administração da massa insolvente pelo devedor – 228.°/1, *b*).

III. De todas estas medidas, a mais visível é a da possibilidade de aprovação do plano de insolvência. Trata-se de uma figura inspirada no *Insolvenzplan* alemão – §§ 217 a 279 do InsO [105]. O plano de insolvência vem substituir os quatro esquemas antes previstos no CPEF:

– a concordata: ou redução ou modificação dos créditos (66.° do CPEF);
– a reconstituição empresarial: constituição de uma ou mais sociedades (78.°/1 do CPEF);
– a reestruturação financeira (87.° do CPEF);
– a gestão controlada (97.° do CPEF).

Tais hipóteses eram consideradas demasiado rígidas. A recuperação de empresas na sua base era, ainda, dificultada pelo esquema lento e pesado que poderia levar à sua aprovação.

Perante a lei nova, os credores poderão adoptar as medidas que entenderem, no quadro do plano de insolvência.

O artigo 195.°/2, *b*), ainda que a título exemplificativo, permite intuir quatro hipóteses de planos de insolvência:

– o plano de liquidação da massa insolvente (*Liquidationsplan*);
– o plano de recuperação (*Sanierungsplan*);

[105] Cf. Häsemeyer, *Insolvenzrecht*, 3.ª ed. cit., 686 ss., Breuer, *Insolvenzrecht*, 2.ª ed. cit., 173 ss. e Foeste, *Insolvenzrecht*, 2.ª ed. cit., 219 ss..

– o plano de transmissão de empresa (*Übertragungsplan*);
– o plano misto.

O conteúdo concreto depende, porém, da vontade das partes.

## 26. *A simplificação do processo; a insolvência da pessoa singular*

I. Todo o processo de insolvência sofreu uma grande simplificação perante o anterior Código. Apenas alguns exemplos:

– desaparece o dualismo recuperação/falência, substituído por um processo único: o da insolvência;
– todo o processo e os seus apensos têm carácter de urgência, preferindo aos restantes;
– é evitada a duplicação do chamamento dos credores ao processo;
– os registos são urgentes;
– o processo não pode ser suspenso;
– as notificações são mais expeditas;
– há apenas um grau de recurso.

II. É evidente que a celeridade processual exige uma cultura de ligeireza, por parte dos operadores judiciários, particularmente dos advogados. Mas requer-se ainda, aqui, um esforço judicial, particularmente no sentido de ultrapassar a escassez regulativa, através de novas rotinas que permitam prosseguir os fins da insolvência: a rápida satisfação dos credores e, sendo esse o caso, um plano de insolvência que permita recuperar a empresa.

III. Nos artigos 249.° e seguintes, o CIRE ocupa-se da insolvência da pessoa singular, desde que:

– não tenha sido titular da exploração de qualquer empresa nos três anos anteriores ao início do processo de insolvência;
– à data do início do processo, não tenha: dívidas laborais; mais de 20 credores; um passivo global superior a 300.000 euros.

Os artigos 235.° e seguintes prevêem a exoneração do passivo restante: pode ser concedido, ao insolvente, a exoneração dos créditos sobre a insolvência, que não forem integralmente pagos no processo de insolvência ou nos cinco anos posteriores ao encerramento deste. Encontramos matéria inspirada na *Rechtschuldbefreiung* dos §§ 286 ss. da InsO [106] e no processo de insolvência do consumidor – §§ 304 ss., do mesmo diploma [107]. A ideia básica será:

– a de simplificar o inerente processo;

– a de facilitar a liberação do devedor, como base para uma nova partida.

O regime acabaria por ser pouco aberto. Veremos as possibilidades futuras de o reforçar. Categoria específica será a dos profissionais liberais [108].

## VIII. **Valoração do Código**

### 27. ***Aspectos gerais***

I. O legislador goza de uma presunção de acerto – artigo 9.°/3 do Código Civil. Perante isso, pergunta-se qual o sentido de valorar uma lei, tanto mais que não estão aqui em causa temas de política legislativa. A nossa perspectiva será simples: procuraremos, tão-só, isolar alguns dos valores subjacentes e seguir a sua prossecução no Código.

A tradição nacional é severa: não demos fé de, nas últimas décadas, ter surgido algum diploma de fôlego que, no imediato, não lograsse críticas severas dos concidadãos, mesmo quando francamente desajustadas: lembremos o sucedido com o Código do Trabalho. Temas volvidos, tais vozes cessam. Os juristas reagem mal perante a instabilidade das fontes e, em especial: quando não tenham sido chamados a participar na reforma.

II. Uma valoração objectiva constitui um auxiliar importante, na aplicação do novo diploma. Dá colorido ao sentido geral da interpretação e permite uma mais fácil integração das lacunas. Além disso, a valoração do Código constitui um elemento significativo no pré-entendimento da matéria, interagindo em todo o processo de realização do Direito.

[106] HÄSEMEYER, *Insolvenzrecht*, 3.ª ed. cit., 649 ss..

[107] BREUER, *Insolvenzrecht*, 2.ª ed. cit., 158 ss.. Cf. WILHELM KLAAS, *Fünf Jahre Verbraucherinsolvenz*, ZInsO 2004, 577-580 e KAI HENNING, *Aktuelles zu Überschuldung und Insolvenzen natürlicher Personen*, ZInsO 2004, 585-594.

[108] CHRISTIAN TETZLAFF, *Die Abwicklung von Insolvenzverfahrung bei selbstständigtätigen natürlichen Personen*, ZVI 2004, 2-9 e CHRISTINE NEUMANN, *Praxisprobleme bei der Insolvenz von selbstständigen*, ZVI 2004, 637-638.

## 28. *As opções básicas*

I. A ideia de um ramo jurídico-normativo dedicado à recuperação das empresas é algo *naïf*. Só poderia ser operacional se se traduzisse – a favor da empresa a recuperar – em vantagens ou privilégios inacessíveis às restantes e, como tais, contrários à lógica igualitária da economia de mercado.

Podemos ir mais longe: a empresa recuperável não chega às portas de um processo judicial de recuperação. Ela obtém, seja dos bancos, seja dos accionistas, seja de terceiros interessados, seja, finalmente, dos próprios operadores económicos, os apoios para relançar o seu funcionamento produtivo. A recuperação será, assim, prévia a qualquer processo.

II. A empresa em recuperação judicial perde muito da sua agilidade. A menos que se trate de um expediente para executar um plano integrado mais vasto, a recuperação judicial tende a saldar-se por maiores prejuízos para os credores.

Parece assim credível a opção de pôr termo à dualidade recuperação/falência. A pessoa incapaz de cumprir as suas obrigações verá o seu património entregue aos credores, sob a fiscalização do Estado. Temos a insolvência a qual, todavia, surge compatível com um plano – o plano da insolvência – que permita aproveitar as estruturas empresariais recuperáveis.

III. As exigências formais redundam em demoras que apenas fazem subir os custos marginais da insolvência. Quantos processos "tradicionais" aguardaram anos e anos pelos mais simples e diversos despachos! Só podemos aplaudir a simplificação processual. Apenas lamentamos a dificuldade de recurso para o Supremo (14.°/1): não cremos que aí residam especiais ganhos, perdendo-se a possibilidade de sedimentar grandes orientações nacionais: um ponto areponderar.

A tríade: primado da insolvência sobre a recuperação, poder e autonomia dos credores e ligeireza processual vêm ao encontro das preocupações actuais, correspondendo, quanto sabemos, à melhor forma de preservar a riqueza.

## 29. *Técnica e estímulo jurídico-científico*

I. Na globalidade, o novo Código assume uma técnica feliz. Houve que introduzir conceitos novos e sequências criativas. Em diversas circunstâncias, os autores materiais do texto lutaram com a pura inexistência de cobertura linguística, ficando na contingência de criar novas locuções. Tarefa ingrata, sem alternativa e que se presta a críticas fáceis e inadequadas.

Norma a norma e caso a caso, os textos da insolvência serão ponderados. Parece-nos inevitável que a criação de novas rotinas demore o seu tempo. Repare-se que, em diversos âmbitos, deparamos com institutos carecidos de aplicação prática anterior. Não é, porém, tarefa de um código de fôlego especificar o dia-a-dia das funções aplicadoras.

II. O CIRE vem relançar a matéria da insolvência. Fá-lo pelo prisma da sua substancialização. Dispomos, agora, de novas bases para discutir temas como o da estrutura das obrigações e o da natureza da garantia patrimonial. A reconstrução dos direitos subjectivos na insolvência, com um tratamento autónomo para as posições pessoais, as relações duradouras e as situações potestativas, representam desafios jurídico-científicos irresistíveis.

Torna-se agora mais viável, num momento histórico delicado, lançar um domínio autónomo: o Direito da insolvência.

## Revistas

BMJ – *Boletim do Ministério da Justiça*
CJ – *Colectânea de Jurisprudência*
InVo – *Insolvenz & Vollstreckung*
NZI – *Neue Zeitschrift für das Recht der Insolvenz und Sanierung*
RB – *Revista da Banca*
RDComm – *Rivista del diritto commerciale*
WM – *Zeitschrift für Wirtschaft und Bankrecht, Wertpapiermitteilungen*
ZGR – *Zeitschrift für Unternehmens- und Gesellschaftsrecht*
ZInsO – *Zeitschrift für das gesamte Insolvenzrecht*
ZIP – *Zeitschrift für Wirtschaftsrecht*
ZVI – *Zeitschrift für Verbraucher- und Privat- Insolvenzrecht*
ZZP – *Zeitschrift für Zivilprozess*

# *Declaração da situação de insolvência*

PROF. DOUTOR PEDRO DE ALBUQUERQUE

SUMÁRIO: *§ 1 – Introdução. § 2 – A insolvência como pressuposto objectivo único. § 3 – O pedido de declaração de insolvência (a legitimidade para solicitar a declaração de insolvência, desistência, petição inicial e seus requisitos). § 4 – Apreciação liminar do pedido e medidas cautelares. § 5 – Audiência de discussão e julgamento. § 6 – Sentença de declaração de insolvência e sua impugnação. § 7 – Sentença de indeferimento. Recurso e responsabilidade por pedido infundado*

## § 1 – **Introdução**[1]

I – Objecto da minha exposição é a declaração da situação de insolvência. O tratamento deste tema obriga, porém, à realização de algumas considerações prévias.

Uma das grandes novidades do CIRE[2], por confronto com a legislação anteriormente em vigor, é a supressão da bifurcação recuperação/falência.

[1] Corresponde com pequenas alterações ao texto da conferência que proferimos no Curso sobre o novo regime da insolvência e da recuperação de empresas, organizado pela Faculdade de Direito de Lisboa em parceria com a Ordem dos Advogados e com o apoio do Centro de Estudos Judiciários.

[2] Apesar de se não ignorar a dimensão histórica (sublinhando a dimensão histórico-cultural do direito, do pensamento e da metodologia jurídicas pode ver-se, por exemplo, entre nós, CASTANHEIRA NEVES, *O direito hoje e com que sentido? O problema actual da autonomia do direito*, Lisboa, 2002, 53 e ss.; *Metodologia jurídica. Problemas fundamentais*, Coimbra, 1993, 12 e ss.; MENEZES CORDEIRO, *Tratado de direito civil português*, I, *Parte geral*, 3.ª ed., 2005, 133 e ss.; PEDRO DE ALBUQUERQUE, *A representação voluntária em direito civil (Ensaio de reconstrução dogmática)*, Coimbra, 2004, 22, nota 17) não iremos, por não ser compatível com os limites impostos a esta conferência, estu-

O processo é na nova legislação único. Trata-se de um processo de execução universal cuja finalidade é a satisfação do interesse dos credores através, ou da liquidação do património de um devedor insolvente e repartição do produto obtido pelos credores, ou mediante um plano de insolvência, que nomeadamente se baseie na recuperação da empresa compreendida na massa insolvente [3-4]. E por aqui já se nota um aspecto de primeiro relevo: o processo deixa

dar o processo histórico-jurídico que conduziu até ao CIRE. Foi, aliás, esse, em grande parte, o objecto da conferência do Professor MENEZES CORDEIRO. Na literatura jurídica alemã, v., recentemente, com uma breve análise da matéria desde o direito romano até aos nossos dias, passando pelo direito estatutário italiano, a recepção alemã e o direito comum alemão, as origens do direito francês, a *Konkursordnung* prussiana de 1855, a *Konkursordnung* de 1877, os desenvolvimentos subsequentes à I Guerra Mundial e legislação posterior, STÜRNER, *Münchener Kommentar zur Insolvenzodnung*, por KIRCHHOF, Munique, 2001, I, comentário aos §§ 1 a 102, introdução, 8 e ss., com indicações.

[3] No mesmo sentido v. JOÃO LABAREDA, *O novo Código da Insolvência e da recuperação de empresas. Alguns aspectos mais controversos*, in *Miscelâneas (Instituto de Direito das Empresas e do Trabalho)*, 2, Coimbra, 2004, 18 e 23, sublinhando embora a aparente diversidade literal do preceito relativamente ao entendimento proposto. Trata-se, contudo, este de um elemento que numa adequada e actualizada perspectiva metodológica não pode estabelecer limites prévios à interpretação-aplicação. Na verdade, é cada vez mais sublinhada a insuficiência da letra da lei enquanto factor hermenêutico predeterminante da interpretação jurídica e como critério dos respectivos limites, tendo sido ultrapassadas, em grande parte, as orientações interpretativas que amarravam o aplicador do direito à letra da lei – inclusivamente apenas ao limite negativo dos seus possíveis sentidos. Para uma análise acerca do modo como a doutrina de ponta vem encarando o actual problema metodológico da interpretação jurídica cfr., entre nós, CASTANHEIRA NEVES, *Questão-de-facto questão-de-direito ou o problema metodológico da juridicidade (Ensaio de uma reposição crítica)*, I, *A crise*, Coimbra, 1967, *passim*, e por exemplo 214 e ss.; *O princípio da legalidade criminal*, in *Digesta. Escritos acerca do direito, do pensamento jurídico, da sua metodologia e outros*, Coimbra, 1995, I, 428 e ss.; *Interpretação jurídica* in *Idem*, II, 337 e ss.; *O actual problema metodológico da realização do direito*, in *Idem*, II, 249 e ss.; *O método jurídico* in *Idem*, II, 283 e ss.; *Metodologia jurídica...*, *passim* e 83 e ss.; *O actual problema metodológico da interpretação jurídica*, Coimbra, 2003, I, *per totum*; *O sentido actual da metodologia jurídica*, in *Boletim da Faculdade de Direito de Coimbra. Volume Comemorativo*, 2003, 115 e ss., *maxime* 134 e ss.; e JOSÉ BRONZE, *Lições de introdução ao direito*, Coimbra, 2002, 809 e ss. V., também, MENEZES CORDEIRO, *Lei (Aplicação da)*, in *Pólis, Enciclopédia Verbo da Sociedade e do Estado*, Lisboa-São Paulo, III, 1985, 1046 e ss.. Sobre o tema pode ainda consultar-se PAULO MOTA PINTO, *Aparência de poderes de representação e tutela de terceiros, reflexão a propósito do artigo 23.° do Decreto-Lei n.° 178/86, de 3 de Julho*, in *Boletim da Faculdade de Direito*, 1993, LXIX, 614; PEDRO DE ALBUQUERQUE, *A representação voluntária em direito civil (Ensaio de reconstrução dogmática)*, Coimbra, 2004, 1000; e *Direito ao cumprimento de prestação de facto, o dever de a cumprir e o princípio* nemo ad factum cogi potest. *Providência cautelar, sanção pecuniária compulsória e prestação de facto*, no prelo, destinado aos *Estudos em Honra do Professor Ruy de Albuquerque* e a ser igualmente publicado na *Revista da Ordem dos Advogados*; *Anotação ao Acórdão do STJ de 2-3-2004. Contrato-promessa,*

de ter por finalidade a recuperação da empresa, agora meramente instrumental, para passar a ter outro escopo [5].

Além disso, cumpre salientar algumas linhas importantes do novo diploma. Entre elas contam-se a prevalência da vontade dos credores, a desjudicialização parcial do processo; a preocupação com a celeridade do mesmo e com a publicitação dos actos e a flexibilidade [6].

II – A desjudicialização manifesta-se em diversos níveis que não iremos aqui abordar [7]. Interessa agora apenas sublinhar a circunstância de justamente, e por contraponto, a intervenção judicial se concretizar, entre outras [8], particularmente na fase da declaração de insolvência (artigos 18.° a 40.°, 44.° e 45.° [9]).

Processualmente o artigo 11.° consagra o princípio do inquisitório no processo de insolvência, embargos e incidente de qualificação, ao admitir que a decisão se funde em factos não alegados pelas partes.

*procuração irrevogável e acção de preferência*, a ser publicado in *CDP*; PEDRO DE ALBUQUERQUE e MARIA DE LURDES PEREIRA, *A responsabilidade civil das autoridades reguladoras e de supervisão por danos causados a agentes económicos e investidores no exercício de actividades de fiscalização ou investigação*, in *Regulação e concorrência. Perspectivas e limites da defesa da concorrência*, Coimbra, 2005, 227.

[4] O artigo 1.° do CIRE encontra-se claramente inspirado pelo nada pacífico § 1 da *Insolvenzordnung* alemã, de 5 de Outubro de 1994. Para uma análise de como este preceito vem sendo encarado pela doutrina tudesca pode ver-se, entre outros BRAUEN-GANTER, *Münchener...*, I, comentário ao § 1, 31 e ss.; BRAUN-KIESSNER, *Insolvenzordnung Kommentar*, 2.ª ed., Munique, 2004, comentário ao § 1, 17 e ss.; NERLICH-RÖMERMANN, *Insolvenzordnung Kommentar*, Munique, 2005, comentário ao § 1, 1 e ss.; HESS-WEIS, *Insolvenzrecht*, 3.ª ed., Heidelberga, 2005, 3; GOGGER, *Insolvenzrecht*, Munique, 2005, 1.

[5] LUÍS MENEZES LEITÃO, *Código da insolvência e da recuperação anotado*, 2.ª ed., Coimbra, 2004, anotação ao artigo 1.°, 45.

[6] Para ulteriores desenvolvimentos a este respeito cfr., entre outros, SALAZAR CASANOVA, *Abordagem dos aspectos mais relevantes da marcha processual no novo Código da Insolvência e da Recuperação de Empresas*, in *http://www.asjp.pt/estudos/salazarcasanova_insolvencia2004.pdf*, 1 e ss..

[7] Deixam-se aqui apenas as seguintes notas: o juiz não intervém no que diz respeito à recuperabilidade, ou não, da empresa; desaparece a possibilidade de impugnação das deliberações da comissão de credores; cessa a faculdade de impugnação judicial dos actos do administrador da insolvência – embora os seus poderes sejam, nos termos do artigo 58.° exercidos sobre fiscalização do juiz, e se possa assistir à destituição por justa causa conforme disposto nos artigos 56.° e 169.° – os quais serão objecto de apreciação por parte da comissão de credores cujas deliberações são comunicadas ao juiz, sem lugar a reclamação para o tribunal (artigo 69.°/5), embora possam ser revogadas pela assembleia de credores (artigo 80.°).

[8] O mesmo vale para a fase do concurso de credores (artigos 128.° a 140.°).

[9] A indicação de quaisquer preceitos legais sem menção do diploma donde constam corresponde ao CIRE.

III – A preocupação com a celeridade traduz-se quer no desencadeamento do processo quer na respectiva tramitação [10].

No desencadeamento, nomeadamente e evidenciando agora apenas o que nos interessa, pelo sublinhar do dever de apresentação à falência (artigo 18.°), pela presunção de culpa grave dos administradores, de direito ou de facto, que tenham incumprido esse dever [artigo 186.°/3/*a*)], pelo alargamento dos factos índice ou tipo que podem servir de base ao pedido de declaração de insolvência por parte de quem não seja devedor (artigo 20.°); pela concessão de um incompreensível privilégio mobiliário geral ao credor requerente da declaração (artigo 98.°), e pela consagração do regime da extinção parcial de hipotecas legais e privilégios creditórios acessórios de créditos do estado, de instituições de segurança social e pelas autarquias locais [artigo 97.°/1/*a*), *b*) e *c*)].

Na tramitação do processo o desejo de celeridade manifesta-se a diversos níveis que não poderemos abordar aqui na sua totalidade [11]. Sublinhamos apenas, a par com a mais ou menos óbvia atribuição do carácter urgente ao processo de insolvência e às notificações de diversos actos nele praticados (artigo 9.°. Cfr., também, o artigo 85.°):

- Só o devedor é citado para se opor à declaração de insolvência (artigo 29.°/1), podendo contudo os credores e outros interessados impugnarem a sentença que defira o pedido [12].
- A não suspensão do processo de insolvência (artigo 8.°/1), salvo nos casos expressamente previstos no CIRE [13].
- A circunscrição do direito de recurso a apenas um grau, excepto se o recorrente demonstrar que o acórdão de que pretende recorrer se encontra em oposição com outro nos termos do artigo 14.° do CIRE.

[10] SALAZAR CASANOVA, *Abordagem...*, in *http://www.asjp.pt/estudos*, 2 e ss.. Cfr., também, FÁTIMA REIS SILVA, *Algumas questões processuais no novo Código de insolvência*, in *Miscelâneas*, 2, 2004, 58 e ss..

[11] Mas v., para maiores pormenores, SALAZAR CASANOVA, *Abordagem...*, in *http://www.asjp.pt/estudos*, 2 e ss.; e também, mas agora numa perspectiva crítica, sublinhado, com razão, o carácter frustre de várias das soluções consagradas para assegurar a celeridade do processo de insolvência, FÁTIMA REIS SILVA, *Algumas...*, in *Miscelâneas...*, 2 , 53 e ss..

[12] Da sentença que indefira o pedido de declaração de insolvência apenas o próprio requerente pode reagir e tão-só através de recurso [artigos 40.°/1, *d*) 42.°/1 e 45.°].

[13] Um dos casos de suspensão do processo de insolvência que pode ser apontado é o contemplado no artigo 255.° do CIRE.

IV – Do ponto de vista da flexibilidade, na perspectiva em que nos colocamos, interessa agora sublinhar apenas [14] a possibilidade de dispensa de audiência do devedor, com inclusão da citação, quando isso traga demora excessiva devido à circunstância de, sendo este uma pessoa singular, residir no estrangeiro ou por ser desconhecido o seu paradeiro.

V – Dito isto, iremos analisar de seguida, e sucessivamente: os pressupostos que podem conduzir à declaração da situação de insolvência; os sujeitos passivos da declaração de insolvência; o pedido de declaração de insolvência; apreciação liminar do pedido e medidas cautelares; audiência de discussão e julgamento; sentença de declaração de insolvência e impugnação; sentença de indeferimento, recurso e responsabilidade por pedido infundado.

## § 2 – **A insolvência como pressuposto objectivo único**

I – A situação de insolvência consiste em geral na impossibilidade de o devedor cumprir as suas obrigações vencidas (artigo 3.°/1). Trata-se de uma fórmula com algum paralelo no § 17 da *Insolvenzordnung*, e com larga tradição no ordenamento jurídico português [15]. A impossibilidade aqui em causa não pode ser entendida em sentido técnico-jurídico rigoroso. A impossibilidade objectiva importa na extinção das obrigações (artigo 790.° do Código Civil). A impossibilidade subjectiva relativa à pessoa do devedor importará igualmente a extinção da obrigação, se o devedor no cumprimento desta se não puder fazer substituir por terceiro. Terá, pois, de se entender, que a situação de insolvência, pressuposto da declaração de insolvência, terá de corresponder a uma impossibilidade de cumprir pontualmente as respectivas obrigações por carência de meios próprios e por falta de crédito, como de resto se indicava na definição de insolvência empresarial constante do CPREF [16-17].

[14] Para ulteriores desenvolvimentos remetemos, uma vez mais, para SALAZAR CASANOVA, *Abordagem...*, in *http://www.asjp.pt/estudos*, 5 e 6.

[15] V. PEDRO DE ALBUQUERQUE, *Falência por cessação de pagamentos*, separata de *Estudos de Direito Comercial*, Coimbra, 1989, 182 e ss., e as indicações aí fornecidas. Sublinhe-se aqui apenas, e de entre os vários diplomas susceptíveis de serem referidos, a título meramente exemplificativo, o revogado artigo 1135.° do CPC.

[16] O que não quer dizer que essa impossibilidade não deva ser medida de acordo com critérios mais ou menos objectivos [aspectos subjectivos ou volitivos ou não assumem relevância ou têm-na meramente marginal através de preceitos como o artigo 20.°/1/*c*)] como o da existência de

Tratando-se de pessoas jurídicas ou patrimónios autónomos, por cujas dívidas nenhuma pessoa singular responde pessoal e ilimitadamente, insolvência é, também, de acordo com o artigo 3.°/2, a situação de superioridade manifesta do passivo sobre o activo avaliado segundo as normas contabilísticas aplicáveis [18]. Muitas críticas têm sido feitas a este preceito e à limitação que lhe é imposta pelo n.° 3 do artigo em análise. Mas sem razão. Não partilhamos – muito ao contrário – da suspeição relativamente à utilização feita nas várias alíneas do artigo 3.°/3 de conceitos indeterminados ou cláusulas gerais [19], porventura própria de alguns espíritos que parecem mais ou menos influenciados por considerações positivistas [20]. E também não se nos afigura aceitável a afirmação de Lebre de Freitas de que, perante a disciplina do artigo 3.°/3, rara será a sociedade que não esteja em situação de insolvência logo no dia da sua constituição e durante os seus primeiros anos de vida, por supostamente constituir o capital um elemento do passivo da sociedade. Sucede, contudo, que o capital só será passivo se a sociedade entrar em liquidação. Até lá ele figurará como capital próprio [21].

obrigações ou deveres vencidos por realizar, inexistência de excepções ou impugnações desses créditos, ponderação das dívidas vencidas com o cenário global nas quais se incluam também dívidas a vencer, importância e quantidade dos incumprimentos. Neste sentido e com ulteriores desenvolvimentos, v., a este respeito, BRAUEN-EILENBERGER, *Münchener...*, I, comentário ao § 17, 311 e ss.; NERLICH-RÖMERMANN, *Insolvenzordnung...*, comentário ao § 17, 1 e ss.; cfr., também, BRAUN-KIND, *Insolvenzordnung...*, comentário ao § 17, 126 e ss.; HESS-WEIS, *Insolvenzrecht*, cit., 5 e s., 52 e ss.; GOGGER, *Insolvenzrecht*, cit., 25 e s.. Cfr., também, antes da entrada em vigor da actual *Insolvenzordnung*, *BGH, 30-4-1992*, in *NJW*, 1992, 1960 e ss.. No essencial, e durante algum tempo, considerou-se a incapacidade para cumprir as obrigações vencidas uma prolongada ausência de meios de pagamento que impede o devedor de satisfazer parcial ou totalmente as dívidas exigidas. A doutrina e jurisprudência alemãs têm vindo, contudo, a prescindir, na sequência da entrada em vigor da actual legislação, de que a incapacidade seja prolongada. Discute-se se outros requisitos como a seriedade da exigência se devem manter. Quebras pontuais de liquidez não são consideradas relevantes.

[17] A respeito da noção de insolvência no âmbito do CPREF v., com carácter exemplificativo, CATARINA SERRA, *Falências derivadas e âmbito subjectivo da falência.*, Coimbra, 1999, 42 e ss., e 279.

[18] V. JOÃO LABAREDA, *O novo...*, in *Miscelâneas...*, 2, 29 e ss.; CATARINA SERRA, *O novo regime jurídico aplicável à insolvência (uma introdução)*, Coimbra, 13 e ss..

[19] A este respeito v., por todos, MENEZES CORDEIRO, *Da boa fé no direito civil*, Lisboa, 1984, II, 1116 e ss..

[20] V., por exemplo, quanto escreve a este respeito JOÃO LABAREDA, *O novo...*, in *Miscelâneas...*, 2, 9 e ss..

[21] Outra afirmação que não acompanhamos é a de que se não conseguiria vislumbrar qual o critério para fundar a ideia de continuidade, ou não, da empresa para qual apela o artigo 3.°/3 b) do CIRE (é essa a opinião de JOÃO LABAREDA, *O novo...*, in *Miscelâneas...*, 2, 34). Por exemplo, um caso claro em que se deve considerar existir sérias perspectivas de continuidade é o de,

II – Equipara-se ainda (artigo 3.°/4) à situação de insolvência a insolvência iminente em caso de apresentação por parte do próprio devedor. A diferença está que neste caso se não exige a impossibilidade de cumprimento de dívidas vencidas. Bastará a sua iminência[22]. Perguntar-se-á se a exigência de que a dívida vencida esteja vencida não é afinal, e sempre, irrelevante face ao artigo 780.° do Código Civil. Parece-nos que não. O artigo 780.° do Código Civil só traz a perda do benefício do prazo em caso de existência de uma efectiva situação de insolvência, ainda que não judicialmente declarada. Ele não antecipa a própria condição de insolvência, permitindo considerá-la ainda antes de se assistir a uma efectiva impossibilidade de cumprir débitos vencidos[23]. O justo receio de insolvência determinava a perda do benefício do prazo no Código de Seabra mas não é essa a solução do Código Civil actual[24].

apesar da superioridade do passivo relativamente ao activo, o devedor estar a libertar de forma continuada e sustentada meios financeiros para fazer face ao serviço da dívida.

[22] O artigo 3.°/3 do CIRE corresponde ao § 18 da *Insolvenzordnung*. Várias são as questões que este preceito suscita ou pode suscitar. Põe-se desde logo a questão de saber o que entender por iminência. Não bastará obviamente uma mera probabilidade ou plausibilidade. Exige-se praticamente uma certeza. Outro problema consiste em saber qual o horizonte temporal do prognóstico. Para alguns será de uns meses, no máximo de dois ou três anos, ou mesmo mais, para outros. Sustenta-se, também, dever tomar-se em consideração o horizonte temporal mais amplo possível de forma a contemplar o momento do vencimento da última dívida já existente. Parece, contudo, que a boa solução passa por não estabelecer quaisquer limites rígidos neste âmbito. Deverá nomeadamente resolver-se este assunto considerando o tipo de actividade do devedor, em particular, se de tratar de uma sociedade ou empresa, se a sua produção é a curto ou longo prazo, se é ou não sazonal, etc.. Quanto à interrogação de saber se neste caso de mera iminência também existe um dever de apresentação à insolvência ou se se trata de mera faculdade para a qual não se aplica o artigo 18.° do CIRE, parece-nos melhor o segundo termo da alternativa, conforme é defendido também na Alemanha, uma vez que se não está ainda diante de uma situação consumada e não será de excluir uma alteração da situação. Em contrapartida julga-se dever ponderar, neste caso, não apenas as dívidas vencidas mas também da capacidade do devedor para, no momento do respectivo vencimento, honrar as obrigações futuras. Na direcção aqui agora proposta a respeito de cada um dos temas abordados nesta nota pode ver-se, por exemplo, BRAUN-KIND, *Insolvenzordnung...*, comentário ao § 18, 135 e ss.. Para ulteriores desenvolvimentos v. BRAUEN-DRUKARCZYK, *Münchener...*, I, comentário ao § 18, 318 e ss.; NERLICH-RÖMERMANN, *Insolvenzordnung...*, comentário ao § 18, 5 e ss..

[23] Parece ser contudo outra a opinião de LUÍS MENEZES LEITÃO, *Código...*, anotação ao artigo 3.°, 47.

[24] Mas há muito que se admitia a aplicação da perda do benefício do prazo em caso de insolvência a todos os devedores, incluindo aqueles que estavam anteriormente sujeitos ao processo de falência por contraposição à insolvência. Cfr. PEDRO DE ALBUQUERQUE, *Falência...*, 207 e 208, e as indicações aí dadas.

III – Os factos enunciados no artigo 20.°/1 do CIRE, esses são meros indícios ou presunções de insolvência, podendo demonstrar-se que não obstante a respectiva verificação se não está perante uma hipótese de insolvência (artigo 3.°/3 do CIRE).

## § 3 – O pedido de declaração de insolvência (a legitimidade para solicitar a declaração de insolvência, desistência, petição inicial e seus requisitos)

I – Os sujeitos passivos da declaração de insolvência são os mencionados no artigo 2.°/1 e 2, com a nota de para além das pessoas jurídicas ou colectivas se incluírem agora os patrimónios autónomos[25].

Uma menção também aqui para a noção de empresa relevante a vários títulos mas agora em razão do disposto no artigo 3.°/2/*b*). Nos termos do artigo 5.° para efeitos do CIRE considera-se empresa toda a organização de capital e de trabalho destinada ao exercício de qualquer actividade económica. Trata-se da definição do artigo 2.° do CPREF, simplificada[26]. Empresa, para efeitos de aplicação do CIRE será toda a organização de capital e de trabalho destinada ao exercício de qualquer actividade económica. Não se exige, pois, nem a

[25] A este respeito v. CATARINA SERRA, *O novo...*, 12 e 13.

[26] É conhecido o sentido polissémico da noção de empresa e a diferente configuração e relevância que esta tem vindo a assumir nos mais diversos quadros. A este respeito cfr., por exemplo, ORLANDO DE CARVALHO, *Critério e Estrutura do Estabelecimento Comercial*, I – *O problema da Empresa como Objecto de Negócios*, Coimbra, 1967, l, *per totum*, e por exemplo 293 e ss.; FERRER CORREIA, *Lições de direito comercial*, reimpressão, com a colaboração de HENRIQUE MESQUITA e ANTÓNIO CAEIRO, Lisboa, 1994, 117 e ss.; MENEZES CORDEIRO, *Direito da economia*, Lisboa, 1986, 234; *Manual de Direito do Trabalho*, Coimbra, 1994, 117 e 118; I; *Da Responsabilidade Civil dos Administradores das Sociedades Comerciais*, Lisboa 1996, 498 e ss., 55 e 516; *Manual de Direito Comercial*, I, Coimbra, 2001, 232 e ss.; PEDRO DE ALBUQUERQUE, *Direito português da concorrência (análise breve do Dec.-Lei 422/83)*, separata de *ROA*, 1990, ano 50, III, 577 e ss.; CATARINA SERRA, *Falências derivadas...*, 47 e ss.; OLIVEIRA ASCENSÃO, *Direito comercial*, I, *Institutos gerais*, Lisboa, 1998-1999, 137 e ss., e 405 e ss.; ROSÁRIO PALMA RAMALHO, *Do Fundamento do Poder Disciplinar Laboral*, Coimbra, 1993, 356 e ss.; Id., *Da autonomia dogmática do direito do trabalho*, Coimbra, 2001, 315; Id., *Direito do trabalho*, I *Dogmática geral*, Coimbra, 2005, 313 e ss.; COUTINHO DE ABREU, *Da empresarialidade (as empresas no Direito)*, Coimbra, 1996, 4 e ss.. Note-se a circunstância de subjacente à empresa poder encontrar-se um sujeito individual. Cfr. PEDRO DE ALBUQUERQUE e MARIA DE LURDES PEREIRA, *Responsabilidade...*, in *Regulação...*, 224, nota 52, com indicações.

comercialidade, nem o profissionalismo ou o seu carácter continuado. Também se não mostra necessário a existência de intuito lucrativo, cabendo, portanto no conceito, entre outras, unidades de autoconsumo ou de fim altruístico[27].

II – A legitimidade processual activa é conferida, antes de mais, ao devedor, ou na eventualidade de ele não ser uma pessoa singular capaz a iniciativa pertencerá ao órgão social incumbido da sua administração ou qualquer um dos seus administradores, aos responsáveis legalmente pelas suas dívidas, aos credores qualquer que seja a natureza do crédito e mesmo se condicional e ao Ministério Público (artigos 18.° e 19.° do CIRE). Os três últimos, porém, apenas no caso de se verificar algum dos factos mencionados no artigo 20.°/1.

O devedor tem aliás, e excepto se for uma pessoa singular não titular de empresa à data da situação de insolvência, o dever de se apresentar dentro do prazo estipulado no artigo 18.°/1, sob pena de a insolvência ser declarada culposa [186.°/1 e 3/*a*)] e de aplicação de sanções de natureza penal[28] e civil [artigo 189.°/2/*b*), *c*) e *d*)[29]].

Quando o devedor seja titular de uma empresa, estabelece-se presunção inilidível de conhecimento da situação de insolvência decorridos pelo menos três meses sobre o incumprimento generalizado de obrigações que justificam a concessão de legitimidade aos credores para requererem a declaração de insolvência (artigos 18.°/3 e 20.°).

A apresentação do devedor à insolvência implica o reconhecimento, por parte deste, da sua situação de insolvência (artigo 28.°). Isto quer dizer que ela deve ser declarada sem se tornar necessária a citação dos credores ou a continuação dos autos com vista ao Ministério Público[30].

[27] Para mais pormenores cfr. CATARINA SERRA, *O novo...*, 13.

[28] O incumprimento do dever de apresentação à insolvência tem como consequência a sujeição a prisão até 1 ano ou uma pena de multa até 120 dias, que pode ser agravada em 1/3, nos seus limites (mínimo e máximo) se em consequência dos factos resultarem frustrados créditos de natureza laboral (v. nova redacção do artigo 228.°, n.° 1, e novo artigo 229.°-A do Código Penal, introduzidos, respectivamente, pelos artigos 2.° e 3.° do Decreto-Lei n.° 53/2004, de 18 de Março).

[29] A saber, a inabilitação e a inibição para o exercício do comércio, por um período de 2 a 10 anos e a perda dos créditos sobre a insolvência ou sobre a massa insolvente assim como a condenação na obrigação de restituir os bens ou direitos recebidos em pagamento desses créditos.

[30] A este respeito, v., a título exemplificativo, SALAZAR CASANOVA, *Abordagem...*, in *http://www.asjp.pt/estudos*, 6.

III – A desistência do pedido apenas pode ser exercida até ao proferimento da declaração de insolvência (artigo 21.°), mas não parece permitida ao devedor pois a sua simples apresentação já implica o reconhecimento da situação de insolvência [31]. Por isso mesmo, e para evitar resultados idênticos alcançados pelo apresentante que não aceite corrigir, a convite do tribunal, as deficiências de instrução documental, e salvo o caso em que não foram juntos os documentos comprovativos dos poderes dos administradores [artigo 24.°/2/*a*)], o indeferimento liminar em virtude de falta de junção de documentos que o apresentante devia produzir, será objecto de publicidade [32] (artigos 27.°/2 e 38.°/1) [33].

A benefício da celeridade processual deve pois o apresentante juntar todos os documentos e elementos exigidos pelo artigo 24.°, para o devedor apresentante, e pelo artigo 25.°, para outros legitimados.

IV – Não falta quem considere que, sendo o devedor uma sociedade, para além das exigências constantes do artigo 24.°/2/*a*), se mostraria ainda necessária a apresentação de uma acta da assembleia geral [34]. Por não ser uma actividade de gestão corrente a decisão de apresentação à insolvência deveria ser tomada pelo colégio dos sócios, pelo que a documentação dessa decisão seria também ela essencial. E isto porque a dissolução da sociedade depende de deliberação dos sócios [artigos 1007.° e 1008.° do Código Civil e 246.°/1/*i*) e artigo 383.°/2

[31] *Idem*.

[32] *Idem*.

[33] Parece de facto ser de sustentar não deverem os documentos ser apresentados na audiência de discussão e julgamento pois os meios de prova devem ser oferecidos com a petição inicial ou com a oposição [artigos 24.°/2/*c* e 25.°/*c*)]. Outro entendimento permitiria, conforme refere SALAZAR CASANOVA, *Abordagem*..., in *http://www.asjp.pt/estudos*, 13, às partes obstarem a um julgamento célere inundando o tribunal, no momento da audiência, com um vasto rol de documentos impondo-se a suspensão de trabalhos por tempo certamente não negligenciável [artigo 651.°/1/*b*) do CPC]. Esta interpretação não parece contudo obstar à apresentação de documentos que a parte, com justificação, tenha declarado protestar apresentar em momento posterior, ou que tragam ao tribunal conhecimento de uma situação superveniente ou contraditar factos novos não alegados mas introduzidos pelo tribunal. Parece-nos mesmo, com SALAZAR CASANOVA, de admitir a junção de documentos até ao encerramento da audiência de discussão e julgamento nos termos do artigo 23.°/1 do CPC visto que a lei admite a oposição por embargos à sentença declaratória de insolvência não apenas quando são alegados factos que o tribunal não teve em conta, mas também quando sejam requeridos meios de prova que o tribunal não considerou, que possam afastar os fundamentos da declaração de insolvência (artigo 40.°/2). A celeridade não pode, na verdade, fazer vergar completamente a apreciação da realidade material que se encontra em jogo.

[34] É essa a posição defendida por FÁTIMA REIS SILVA, *Algumas*..., in *Miscelâneas*..., 265 e 266.

do CSC). Ora sendo, alega-se, a falência uma causa de dissolução da sociedades, nos termos do artigo 141.°/1/*e*) do CSC não se veria como a iniciativa à apresentação à insolvência não tenha que ser deliberada pelos sócios [35]. Tudo num entendimento ainda, alegadamente, confortado pelo artigo 234.°/3 do CIRE, ao prever a extinção da sociedade comercial com o registo do encerramento da liquidação.

Com a devida vénia não se vê como acompanhar semelhante exigência. O artigo 234.°/3 do CIRE é a este respeito completamente mudo. Quanto ao mais a tese, peca, a nosso ver, por excesso e por desconsiderar aspectos importantes do regime da apresentação à insolvência pelo devedor. Levada às suas naturais consequências a construção em referência redundaria em exigir uma deliberação dos sócios em todos os casos de dissolução, o que é inaceitável. Aliás, o artigo 141.°/1 do CSC é claro ao contrapor e distinguir a dissolução por efeito da falência da dissolução por deliberação dos sócios. Quer no caso do 141.°/1/*e*) do CSC quer no do 1007.°/*e*) do Código Civil a dissolução da sociedade perde a sua relevância autónoma, apresentando-se, como refere a propósito do último destes dois preceitos Menezes Leitão [36], como um simples efeito colateral de um processo judicial, não se lhes aplicando o regime dos artigos 1010.° e seguintes do Código Civil ou dos artigos 146.° e seguintes do CSC.

Acresce não se vislumbrar por que razão se deveria exigir a deliberação dos sócios no caso de apresentação, e se não devesse exigir idêntica deliberação nos casos em que o processo é desencadeado por outros legitimados. Se essa exigência pode faltar nuns casos também o pode nos outros. Nada impõe outro entendimento. Tanto mais quanto é certa a circunstância de no caso das sociedades recair sobre os gestores um dever de apresentação (inexiste para os sócios das sociedades), cujo cumprimento não pode nem deve ficar condicionado por deliberação dos sócios, pela sua diferente leitura da situação ou sequer pelas dificuldades de convocar imediatamente assembleias gerais ou de cumprir o respectivo quórum.

## § 4 – **Apreciação liminar do pedido e medidas cautelares**

I – A apreciação da petição de declaração de insolvência deve realizar-se no próprio dia da distribuição, ou pelo menos, até ao 3.° dia útil subsequente

[35] Assim Fátima Reis Silva, *Algumas...*, in *Miscelâneas...*, 265 e 266.

[36] *Direito das obrigações*, 2.ª ed., Coimbra, 2004, III, 288.

(artigo 27.°/1). Após o requerimento inicial o juiz profere, consoante os casos, despacho liminar de aperfeiçoamento[37], de indeferimento ou de citação no caso de insolvência requerida, ou, e esta é uma das novidades do CIRE, sentença de declaração imediata da situação de insolvência em caso de apresentação pelo devedor[38]. Na eventualidade de falta de documentos ser justificada não haverá motivo para indeferimento [artigo 27.°/1/*b*)].

Relativamente à declaração da situação de insolvência em caso de não dedução de oposição por parte do devedor haverá que ter em consideração o disposto nos artigos 145.°, 150.° e 486.°/2, este com as necessárias adaptações, pelo que só decorridos três dias úteis após o fim do prazo se pode declarar a situação de insolvência[39].

II – Já se levantou a interrogação sobre se o juiz pode convidar o requerente a suprir insuficiências ou imprecisões na exposição ou concretização da matéria de facto. Isso não será claramente possível no caso do artigo 27.°/1/*a*)[40]. Uma leitura admissível consiste em entender que, em casos intermédios, não tem lugar o indeferimento mas haverá um pedido improcedente por se entender que os factos alegados na petição não se enquadram no artigo 20.°/1. Diversamente, numa outra interpretação o juiz poderá convidar o requerente a aperfeiçoar a petição, que sofra de insuficiências ou imprecisões, com base no princípio da cooperação (artigo 266.°/2 do CPC) da boa fé processual, da consideração da inaplicabilidade ao caso do artigo 27.°/1/*a*) e na ponderação de que a decisão do juiz pode, nos termos do artigo 11.° do CIRE, ser fundada em factos não alegados pelas partes. E se os factos novos não podem deixar de ser submetidos ao princípio do contraditório estabelecido no artigo 3.°/3 do CPC, coisa diferente seria a da suficiência factual da matéria que foi alegada. Ora se o tribunal pode oficiosamente preencher os factos insuficientemente alegados na fase de julgamento também o deveria poder fazer num momento inicial[41].

[37] Acerca da admissibilidade ou não do recurso do despacho de aperfeiçoamento, cfr. Salazar Casanova, *Abordagem*..., in *http://www.asjp.pt/estudos*, 8, para quem o recurso a existir deve ser sim do despacho de indeferimento.

[38] Fátima Reis Silva, *Algumas*..., in *Miscelâneas*..., 265 e 266.

[39] *Idem*, 67.

[40] Salazar Casanova, *Abordagem*..., in *http://www.asjp.pt/estudos*, 9 e ss.

[41] É essa a posição sufragada por Salazar Casanova, *Abordagem*..., in *http://www.asjp.pt/estudos*, 11.

III – Se a petição não tiver sido apresentada pelo próprio devedor, e não existir motivo para indeferimento liminar, sem prejuízo do disposto no artigo 31.°/3, para as medidas cautelares, o juiz mandará citar pessoalmente o devedor, para este deduzir oposição à declaração de sentença.

A citação será ordenada sem prejuízo das medidas cautelares que forem consideradas convenientes (artigo 29.°/1), susceptíveis de serem ordenadas antes da declaração de insolvência (artigo 31.°/1) e mesmo antes da citação do devedor (artigo 31.°/3) ou da distribuição da petição de declaração da situação de insolvência (artigo 31.°/4). No caso de adopção de medidas cautelares antes da citação não poderá haver retardamento da referida citação mais de 10 dias relativamente ao prazo que de outro modo interviria. Essas medidas visam obviar à prática de actos de má gestão e poderão compreender a privação do devedor dos poderes de administração e de disposição dos respectivos bens e a nomeação de um administrador judicial provisório (artigo 31.°/2, artigos 32.° a 34.° do CIRE) [42] susceptível de ter poderes exclusivos de administração ou de assistência (artigo 31.°/2). As medidas cautelares estão subordinadas à consideração da viabilidade do direito acautelado razão pela qual não deverão ser decretadas se a petição não estiver em condições de ser proferido despacho de citação (artigo 381 do CPC) [43].

Após a citação poderá suceder que:

– o devedor não deduza oposição, considerando-se então fixados os factos e é declarada a insolvência (artigo 30.°/5);
– ou o devedor deduz oposição, hipótese em que deverá alegar a inexistência do facto índice ou a inexistência da situação de insolvência.

IV – Na hipótese de indeferimento liminar, o requerente pode apresentar nova petição (artigo 476.° do CPC) ou pode agravar em princípio apenas para a Relação (artigo 14.° do CIRE e 7.° da Lei de autorização legislativa) [44].

[42] A este respeito cfr., nos mesmos termos, Catarina Serra, *O novo...*, 51.

[43] Da mesma forma, como não podia aliás deixar de ser, v., por exemplo, Salazar Casanova, *Abordagem...*, in *http://www.asjp.pt/estudos*, 12.

[44] Salazar Casanova, *Abordagem...*, in *http://www.asjp.pt/estudos*, sublinhando impor-se a citação do devedor tanto para os termos do recurso como da causa (artigo 243.°/3 do CPC).

## § 5 – Audiência de discussão e julgamento

I – Tendo sido deduzida oposição realizar-se-á a audiência de discussão e julgamento [45], notificando-se o devedor e o requerente para comparecerem (artigo 35.°/1), sendo então susceptíveis de ocorrerem uma de três situações:

- nem o devedor nem o seu representante comparecem, julgando-se confessados os factos alegados na petição (artigo 35.°/2) e, sendo estes correspondentes [46] aos do artigo 20.°/1, é proferida sentença de declaração de insolvência (artigo 35.°/4);
- ou comparece o devedor ou um seu representante mas não o requerente ou seu representante, hipótese na qual se considerará existir desistência do pedido (artigo 35.°/3), sendo proferida sentença homologatória da desistência do pedido (artigo 35.°/4);
- ou estão presentes ambas as partes, situação em que o juiz selecciona e decide a matéria de facto proferindo de imediato, ou no prazo de cinco dias, sentença (artigo 35.°/5 a 8).

II – Na hipótese excepcional de ter sido dispensada a citação do devedor (artigo 12.°/1) há sempre audiência de discussão e julgamento quer estejam presentes ambas as partes quer compareça apenas o requerente ou seu representante; e o juiz decide a matéria de facto com base nos elementos de prova produzidos e nas alegações feitas, proferindo sentença (artigo 35.°/5 a 8) [47].

[45] A instrução e decisão de todos os termos do processo de insolvência, bem como dos seus incidentes e apensos, compete sempre ao juiz singular.

[46] A expressão da lei é «*sendo estes subsumíveis*». Trata-se, contudo, de uma terminologia comprometida com uma concepção metodológica e (in)compreensão do direito hoje totalmente ultrapassadas. A aplicação do direito não passa por uma questão cognitiva mas sim por um problema normativo, no qual está necessariamente presente um momento volitivo e em que a relação entre os factos e as normas não é de subsunção mas sim de analogia. Rejeita-se, por isso, vivamente a utilização legal deste tipo de nomenclatura que apenas traduz o pernicioso e penoso arrastar, entre nós, de esquemas e quadros mentais há muito sabidamente indefensáveis. Ao legislador deveria, pois, ter cabido maior cuidado nesta matéria. Acerca da superação do modelo subsuntivo, cfr., por exemplo, CASTANHEIRA NEVES, *A questão...*, I, 422 e ss.; *O princípio da legalidade...*, in *Digesta...*, I, e por exemplo, 448 e ss., 457 e ss.; *Metodologia...*, 238 e ss.; JOSÉ BRONZE, *A metodonomologia entre a semelhança e a diferença (reflexão problematizante dos pólos da radical matriz analógica do discurso jurídico)*, Coimbra, 1994; *Lições...*, 862 e ss..

[47] CATARINA SERRA, *O novo...*, 51.

III – A notificação está sujeita ao disposto no artigo 253.°/2 do CPC, pelo que não sendo o devedor ou requerente notificados (devolução do aviso expedido com antecedência bastante para o domicílio correcto), o tribunal não procederá ao adiamento da audiência de discussão e julgamento, mas também não dará por confessados os factos alegados na petição inicial. Esta hipótese não está prevista como causa de adiamento, mas deve entender-se que a cominação pressupõe sempre uma notificação efectiva[48-49].

A oposição do devedor à declaração de insolvência tanto se pode basear na inexistência do facto em que se fundamenta o pedido como na situação de solvência (artigo 30.°/2), cabendo ao devedor provar a respectiva solvência (artigo 30.°/4). À contestação na qual se encontre contida matéria de excepção é possível responder, de acordo com o artigo 4.°/3 do CPC no início da audiência de julgamento.

## § 6 – **Sentença de declaração de insolvência e sua impugnação**

I – A sentença de insolvência (v. artigo 36.° do CIRE) designará nomeadamente administrador da insolvência [artigo 36.°/*d*)], o prazo (até 30 dias) para reclamação de créditos [36.°/*j*)] e a data (entre os 45 e os 75 dias subsequentes) para a assembleia de credores de apreciação do relatório [36.°/*n*), 75.°, 155.° e 156.°]. Nela se estabelecem igualmente algumas das mais importantes providências instrumentais do processo, como a apreensão, para entrega ao administrador da insolvência, de todos os bens do devedor [artigo 36.°/*g*), 149.° e 150.°/1], o dever de respeitar a residência fixada na sentença [36.°/*c*)] e o dever de entrega imediata de documentos relevantes para o curso do processo

48 SALAZAR CASANOVA, *Abordagem...*, in *http://www.asjp.pt/estudos*, 12.
49 SALAZAR CASANOVA, *Abordagem...*, in *http://www.asjp.pt/estudos*, 13, sublinha ainda como, dizendo-se isto, se pressupõe não se estar «(...) *perante um caso de notificação pessoal (artigo 56.° do C.P.C.) mas apenas perante um caso em que a notificação se destina a chamar a parte requerente e devedor para a prática de um acto pessoal (comparência em audiência por si ou por representante com poderes para transigir: artigo 35.°/1); mas também, a entender-se que a notificação é pessoal, o mesmo tipo de problema se pode suscitar. A diferença está em que esta (a notificação pessoal) é mais garantística visto que se lhe aplicam as disposições dativas à realização da citação pessoal (artigo 256.° do C.P.C.). (...) Para que assim não fosse impor-se-ia que, no acto de citação, o devedor fosse advertido de que deveria comparecer à audiência designada sob aludida cominação e que, para o efeito, seria notificado para comparecer pessoalmente na data a designar em julgamento, notificação a dirigir para aquela morada a realizar dentro de um prazo máximo estipulado*».

[36.°/*f*)] [50]. Na sentença declaratória de insolvência, quando na massa insolvente esteja compreendida uma empresa, o juiz pode determinar que a administração da massa seja assegurada pelo próprio devedor [artigos 36.°/1/*e*) e 223.° a 229.°] o que obstará em princípio ao início da liquidação (artigo 225.°). Sendo caso disso, nomeia-se a comissão de credores (artigo 66.°), sem prejuízo dos poderes da assembleia de credores que pode até alterar a composição da comissão designada ou mesmo dispensá-la ou, na eventualidade de ela não ter sido nomeada anteriormente, constituir ela própria uma comissão, assim assumida como órgão facultativo da insolvência (artigo 5.°/4 da Lei de autorização legislativa e artigo 67.° do CIRE) [51]. Na sentença pode desde logo estabelecer-se a remessa, para efeitos de apensação aos autos de insolvência, de todos os processos em que se tenha efectuado qualquer acto de apreensão ou detenção dos bens do insolvente. O incidente de qualificação da insolvência será o limitado (artigo 191.°) quando o juiz, na sentença declaratória de insolvência, considerar o património do devedor insuficiente para satisfação das custas do processo e dívidas visíveis da massa falida [artigos 36.°/1/*i*) e 39.°/1]. O incidente prossegue como limitado se, no decurso da liquidação, o administrador da insolvência, encerrar o processo de insolvência por insuficiência de massa (artigo 232.°/5) [52].

II – A sentença deverá ser notificada aos administradores do devedor a quem tenha sido fixada residência, ao requerente da declaração de insolvência e ao devedor (cfr. artigo 37.°/1 e 2). Os primeiros serão notificados pessoalmente (37.°/1). O requerente é notificado nos termos por que se disciplinam as notificações em processos pendentes e o devedor, se não consistir no próprio requerente, é notificado como o requerente, sendo notificado pessoalmente apenas quando ainda não tenha sido pessoalmente citado para os termos do processo (37.°/2) [53].

A sentença é igualmente notificada ao Ministério Público e, se o devedor for titular de uma empresa, à comissão de trabalhadores ou, na ausência de comissão de trabalhadores, objecto de publicação através da afixação de editais na sede e nos estabelecimentos da empresa (37.°/7) [54].

[50] Cfr. Catarina Serra, *O novo...*, 52 e ss..

[51] Salazar Casanova, *Abordagem...*, in *http://www.asjp.pt/estudos*, 14 e ss..

[52] *Idem*, 15.

[53] Catarina Serra, *O novo...*, 53.

[54] *Idem*.

III – Os cinco maiores credores conhecidos, com exclusão do que tiver sido requerente, serão citados pessoalmente ou, na falta de residência habitual, domicílio ou sede em Portugal, por carta registada (artigo 37.°/3). Os credores conhecidos com residência habitual, domicílio ou sede noutros Estados-membros da União Europeia são citados por carta registada, em conformidade com os artigos 40.° e 42.° do Regulamento (CE) n.° 1346/2000 do Conselho, de 29 de Maio (37.°/4). Na eventualidade de existirem créditos do Estado, de institutos públicos sem a natureza de empresas públicas ou de instituições de segurança social, a citação de tais entidades será feita por carta registada (artigo 37.°/5). Os demais credores e interessados são citados por edital, com as formalidades ditadas pela incerteza das pessoas, e com anúncios no *Diário da República* e num jornal diário de grande circulação nacional (37.°/6).

A publicidade da sentença é garantida mediante a publicação de anúncio no *Diário da República*, de que constem os elementos enunciados no artigo 36.°/*a*), *b*), *d*) e *m*), bem como por afixação de edital, com as mesmas informações, à porta da sede e das sucursais do insolvente ou do seu local da sua actividade e, consoante os casos, e, ainda, no lugar próprio do tribunal (cfr. artigo 38.°/1). A declaração de insolvência é, além disso, registada oficiosamente na Conservatória de Registo Civil, se o devedor for uma pessoa singular; e na Conservatória de Registo Comercial, se houver factos relativos ao devedor a isso sujeitos [artigo 38.°/2/*a*) e *b*)]. A secretaria deve registar oficiosamente a declaração de insolvência no registo informático de execuções estabelecido pelo CPC, promover a inclusão das informações na página informática do tribunal [38.°/3/*b*)] e comunicar a insolvência ao Banco de Portugal para inscrição na central de riscos de crédito [artigo 38.°/3/*e*)][55]. Pode ocorrer o encerramento do processo logo após o trânsito em julgado da sentença de declaração de insolvência, por insuficiência da massa insolvente devido ao facto de o juiz ter concluído que o património do devedor não é presumivelmente suficiente para a satisfação das custas e das dívidas previsíveis da massa [artigos 39.°, 230.°/1/*d*) e 232.°]. O processo é, então, declarado findo logo que a sentença transite em julgado, sem prejuízo da tramitação, até final, do incidente limitado de qualificação de insolvência [39.°/7/*b*), 191.° e 232.°/5][56].

IV – A sentença pode fundamentar-se em factos não alegados em consequência do disposto no artigo 11.° do CIRE[57].

[55] Sobre tudo isto v., novamente, CATARINA SERRA, *O novo*..., 54.

[56] *Idem*.

[57] Cfr., também, SALAZAR CASANOVA, *Abordagem*..., in *http://www.asjp.pt/estudos*, 14, o qual

## § 7 – Sentença de indeferimento. Recurso e responsabilidade por pedido infundado

I – A sentença de indeferimento do pedido de declaração de insolvência é notificada tão-só ao requerente e ao devedor e apenas se mostra susceptível de recurso por iniciativa do querente (artigos 44.° e 45.°).

Quanto à impugnação da sentença de declaração de insolvência consagra-se uma dualidade dos meios de reacção: embargos e recurso.

Na verdade, a sentença pode ser impugnada, alternativa ou cumulativamente, através de embargos e de recurso (artigos 40.° e 42.°). No caso de a impugnação se fazer através de embargos, terá lugar uma audiência de julgamento, nos termos dos artigos 41.°/1 e 35.°/5 a 8 (cfr. artigo 41.°). A oposição de embargos à sentença declaratória de insolvência, bem como o recurso da decisão de declaração de falência, suspende a liquidação e a partilha do activo (artigos 40.°/3, e 42.°/3). Do acórdão proferido pelo Tribunal da Relação não será, em regra, admitido recurso (artigo 14.°) [58].

II – Sendo o pedido de declaração de insolvência considerado infundado estabelece o artigo 22.° uma responsabilidade pelos prejuízos causados ao devedor e ao credor mas apenas em caso de dolo. Trata-se de uma norma que parece dificilmente compreensível.

Menezes Leitão [59] veio já propor a responsabilização com base em culpa grosseira alicerçada no princípio proveniente do Digesto[60] segundo o qual *culpa lata dolo aequiparitur*[61].

sublinha o seguinte modo de actuar, a respeitar nessa eventualidade: aditamento à base instrutória; contraditório a exercer pelo requerido com possibilidade de oferecimento de prova complementar (artigos 264.°/3, 265.°-A e 506.°/5); se a parte prescindir da possibilidade do exercício do contraditório ser-lhe-á facultado indicar as respectivas provas (artigo 650.°/3) que, no tocante aos factos novos e tratando-se de prova testemunhal, não podem exceder os limites previstos no artigo 789.° do CPC.

[58] Para mais desenvolvimentos a propósito da impugnação da sentença cfr., entre nós, FÁTIMA REIS, *Algumas...*, in *Miscelâneas...*, 2, 69 e ss.

[59] D., 11, 6, 1, 1. São variantes da expressão, entre outras, *culpa lata dolo comparabitur* ou *culpa lata dolus est.*

[60] *Código...*, 59.

[61] Contra esta equiparação não vale a pena invocar a letra da lei e o facto de ela apenas se referir ao dolo. Tratar-se-ia de uma posição ou orientação metodologicamente superada. Cfr. a bibliografia citada *supra* nota 3, onde se sublinha insuficiência da letra da lei enquanto factor hermenêutico predeterminante da interpretação jurídica e como critério dos respectivos limites, tendo sido ultrapassadas as orientações interpretativas que amarravam o aplicador do direito à

Fátima Reis entende que a responsabilidade, no que exceda a má fé processual, terá de se fazer valer em processo autónomo, de natureza cível, pois excede por completo o fim e a tramitação do processo de insolvência[62]. Concordamos com as duas posições. Mas é necessário ir bem mais longe. O artigo 22.°, deve ser cuidadosamente pensado à luz do regime global do CIRE, para verificar se ele não conduz a contradições valorativas, no confronto com os incidentes de qualificação da insolvência. Deve considerar-se também a disciplina dos direitos fundamentais e de personalidade com os quais o pedido de insolvência pode colidir, sem esquecer a interpretação conforme à Constituição e os princípios gerais de direito. No final deste processo é bem possível que o alcance do artigo 22.°, no tocante à limitação da responsabilidade pelo dolo, seja bem mais restrito do que aquilo que pode à vista desarmada parecer. O tema da responsabilidade do credor por pedido infundado de declaração de falência mostra-se pouco tratado entre nós[63] e será, pela sua especificidade, objecto de um outro trabalho a realizar autonomamente e que apesar de se encontrar já em fase de conclusão não podemos abordar nos quadros apertados desta conferência. Remetemos, pois, para o estudo que dedicaremos em breve a este problema da responsabilidade por pedido infundado de declaração de falência. Em qualquer caso sempre se dirá como a verificação de existência de culpa de quem pede a declaração de falência deverá ser aferida face ao comportamento do requerente em cada momento relevante do processo e não apenas no momento da formulação do pedido. Quer isto dizer poder perfeitamente assistir-se a situações nas quais uma ausência de culpa inicial pode redundar, em momento posterior, em negligência grosseira ou dolo devido à circunstância de, após a contestação do devedor, o requerente insistir no pedido de declaração de insolvência. Pode até acontecer que a culpa apenas se manifeste em sede de recurso.

letra da lei – inclusivamente apenas ao limite negativo dos seus possíveis sentidos.

[62] *Algumas...*, in *Miscelâneas...*, 2, 64.

[63] Para além das duas referências aqui feitas existe, entre nós, um estudo de LEITE DE CAMPOS, *A responsabilidade do credor na fase do incumprimento*, in *ROA*, 1992, 52, 853 e ss., *maxime*, 867 e ss.. Trata-se, porém, de matéria largamente analisada além-fronteiras. Por ora, limitamo-nos a remeter para KILGER-SCHMIDT, *Insolvenzgesetze, KO/Vglo/GeSO*, 17.ª ed., Munique, 1997, comentário ao § 103 KO, 401; e SCHMAHL, *Münchener...*, I, comentário ao § 14, 274 e 275. A propósito do tema de algum modo conexo, da responsabilidade do exequente v., na nossa doutrina, ANA PAULA COSTA E SILVA, *A Reforma da acção Executiva*, 3.ª ed., Coimbra, 2003, 75 e ss.; TEIXEIRA DE SOUSA, *Aspectos gerais da Reforma da acção executiva*, in *CDP*, 15 e ss.; Id., *A reforma da acção executiva*, Lisboa, 2004, 30 e 31; MARIA OLINDA GARCIA, *A responsabilidade do exequente e de outros intervenientes processuais*, Coimbra, 2004; CATARINA PIRES CORDEIRO, *A responsabilidade do exequente na nova acção executiva: sentido, fundamento e limites*, in *CDP*, 2005, Abril-Junho, 10, 13 e ss..

# *Breves reflexões sobre os artigos 174.º e 175.º do Código Penal*

## *A cláusula* abuso da inexperiência

DR. JOSÉ MANUEL VILALONGA

SUMÁRIO: *1. O princípio da igualdade: a) Os artigos 174.° e 175.° do Código Penal; b) A(s) possível(is) articulação(ões) entre as duas normas; c) A concretização do princípio da igualdade – a sua violação; o parâmetro nivelador. 2. O abuso da inexperiência no contexto dos crimes sexuais com adolescentes: a) A cláusula de abuso de inexperiência; b) Solução proposta para a cláusula restritiva da incriminação de actos sexuais com adolescentes. 3. Conclusões*

### 1. O princípio da igualdade [1]

#### a) *Os artigos 174.° e 175.° do Código Penal*

O artigo 174.° do Código Penal [2] prevê o crime de "actos sexuais com adolescentes". O artigo 175.° [3], por seu turno, consagra o crime de "actos homossexuais com adolescentes".

[1] Cf., sobre o princípio da igualdade em direito penal, RUI PEREIRA, "O princípio da igualdade em direito penal", *O Direito*, ano 120.°, I – II, 1988, p. 109 e ss..
[2] Na versão actualmente em vigor, o artigo 174.° do Código Penal tem a redacção da Lei n.° 65/98, de 2 de Setembro. Corresponde ao artigo 245.° do Projecto da Parte Especial do Código Penal de 1966. Na redacção originária do Código correspondia ao artigo 204.° e na redacção da Lei n.° 48/95, de 15 de Março, ao artigo 174.°. Em ambas as versões tinha por epígrafe "Estupro".
[3] Na versão actualmente em vigor, o artigo 175.° do Código Penal tem a redacção da Lei n.°

O artigo 174.° determina a punição do maior que tiver cópula, coito anal ou coito oral com menor entre 14 e 16 anos, abusando da inexperiência deste. O artigo 175.° consagra a punição do maior que praticar actos homossexuais de relevo com menor entre 14 e 16 anos ou que levar o menor a praticar esses actos com outrem, prescindindo do abuso da inexperiência.

São evidentes as diferenças entre os dois tipos incriminadores. O primeiro exige o abuso da inexperiência, apenas consagra a punição da prática de cópula, coito anal ou oral e apenas determina a punição do agente que pratica tais factos. O segundo não exige o abuso da inexperiência, consagra a punição de actos homossexuais de relevo e prevê a punição do agente que pratica os actos em questão assim como a do agente que leva a que tais actos sejam praticados pelo menor com outrem.

Nas presentes linhas apenas se procederá a uma reflexão (necessariamente breve) sobre a cláusula que refere o abuso da inexperiência da vítima menor. É evidente o interesse que as demais questões que a concatenação dos dois tipos incriminadores suscitam [4]. E não se deixa de sublinhar até a relevância que um estudo mais alargado dos demais crimes contra a autodeterminação sexual apresenta. Opta-se, contudo, pela análise singular da questão relativa ao abuso da inexperiência, aproveitando a actualidade da questão decorrente de recentes casos que foram decididos pelos tribunais portugueses.

### b) ***A(s) possível(is) articulação(ões) entre as duas normas***

A articulação entre os artigos 174.° e 175.° do Código Penal não é, ao contrário do que uma leitura ligeira possa indiciar, tarefa simples.

É possível sustentar que o artigo 174.° refere apenas os actos heterossexuais e que o artigo 175.° refere os actos homossexuais. Esta é, de resto, a interpretação mais corrente. Mas é também possível entender que o artigo 174.° prevê a prática dos actos nele referidos tanto nas relações hetero como homossexuais e que o artigo 175.° prevê ainda a punição de determinados actos homosse-

65/98, de 2 de Setembro. Corresponde ao artigo 252.° do Projecto da Parte Especial do Código Penal de 1966. Na redacção originária do Código correspondia ao artigo 207.° com a epígrafe "Homossexualidade com menores". Na redacção da Lei n.° 48/95, de 15 de Março, correspondia ao artigo 175.°, com a actual epígrafe.

[4] Pensa-se nas outras diferenças que as duas fisionomias típicas apresentam. Não obstante, aquilo que se deixa dito a propósito do abuso da inexperiência é, *mutatis mutandis*, aplicável no contexto dessas outras diferenças.

xuais, para lá dos abrangidos pelo artigo 174.°. Esta última proposta de interpretação encontra, contudo, algumas dificuldades na circunstância de não ser vislumbrável fundamento para distinguir o regime dos actos homossexuais que seriam abrangidos pelo artigo 174.° dos actos homossexuais que seriam abrangidos pelo artigo 175.°. Até seria identificável uma contradição valorativa na circunstância de aos actos homossexuais mais graves (os previstos no artigo 174.°) ser aplicável um regime penal mais favorável do que o consagrado para os actos sexuais menos graves (os abrangidos pela fórmula então residual do artigo 175.°).

A interpretação primeiramente referida é pois a mais sustentável.

### c) *A concretização do princípio da igualdade – a sua violação; o parâmetro nivelador*

Independentemente, porém, da opção por uma ou outra leitura dos preceitos em análise (ou ainda por uma qualquer outra via interpretativa), as duas incriminações colocam uma questão central no plano da constitucionalidade: *haverá fundamento constitucionalmente relevante para a diferença de regime entre actos heterossexuais com adolescentes e actos homossexuais com adolescentes ou será tal assimetria inconstitucional, por violação do princípio da igualdade, consagrado no artigo 13.° da Constituição*? O confronto com o princípio da igualdade suscita ainda uma segunda questão, que encontra no exemplo *da garrafa meio cheia/meio vazia* metáfora paradigmática: *coexistindo dois regimes diferenciados, qual será a solução que servirá de parâmetro à nivelação*?

Começando pela *segunda questão* formulada, cabe preliminarmente salientar que a ponderação subjacente à nivelação no âmbito da política legislativa não se identifica necessária e completamente com a ponderação subjacente ao confronto das soluções positivadas com o princípio da igualdade. Dito de outro modo: o funcionamento do princípio da igualdade no âmbito da solução de um problema decorrente da convivência de dois regimes diferentes (em que um deles é, dessse modo, discriminatório) pode impor uma solução, não sendo, no entanto, vedado ao legislador, no momento de solucionar o problema por via legislativa, que opere a nivelação pela solução que é inconstitucionalizada. Adiante será retomado este tópico[5].

[5] Quando for abordada jurisprudência constitucional.

Tornando à *primeira pergunta formulada*: será inconstitucional a diferenciação de regimes decorrente dos dois preceitos penais?

Um discurso que admita o fundamento da aludida diferença de regimes assenta numa visão que enquadra a homossexualidade num contexto social diverso daquele que é reservado para a heterossexualidade. Com efeito, a aceitação de uma diferença de regime entre actos heterossexuais com adolescentes e actos homossexuais com adolescentes (como aquela que resulta dos dois artigos em questão) fundamenta-se num entendimento da homossexualidade que a identifica como realidade com uma problemática inerente mais intensa ou mais marcante.

No entanto, *os ventos de mudança* no plano jurídico vão no sentido da nivelação das duas realidades. Para o demonstrar, basta invocar a inclusão no artigo 13.° da Constituição da proibição da discriminação em função da *orientação sexual*[6].

E justifica-se tal linha evolutiva. Na verdade, os problemas da homossexualidade (os seus problemas sociais) decorrem precisamente da discriminação socialmente interiorizada. A resolução da questão (ao nível da igualdade e não só) implica necessariamente a ruptura com o círculo inextricável que a aceitação *realista* do estado de coisas, das mentalidades e da opinião dominante faz cair quem procura uma reflexão objectiva[7]: discrimina-se e por isso há problemas sociais; há problemas sociais e por isso discrimina-se.

Daí que a invocação dos problemas decorrentes da discriminação e do preconceito não possam fundamentar procedentemente a própria discriminação. Este modo de encarar as questões inviabiliza qualquer evolução ou mudança, que em muitos casos (este é um deles) se impõe[8].

Não podendo ser esse o fundamento da diferença de regime, não se vislumbra outro que, de modo legítimo, justifique a solução actualmente em vigor.

Entrevê-se no que se deixa dito o acolhimento da tese da inconstitucionalidade, por violação do princípio da igualdade, da discriminação que os artigos 174.° e 175.° operam entre actos hetero e homossexuais com adolescentes.

[6] Operada pela 6.ª Revisão Constitucional (Lei de Revisão Constitucional n.° 1/2004). Mas veja-se também a recente aprovação em Espanha do reconhecimento de efeitos jurídicos aos casamentos entre pessoas do mesmo sexo.

[7] Tal perspectiva foi recentemente sustentada por ANTÓNIO DE ARAÚJO num texto publicado na Revista *Atlântico*, n.° 1.

[8] A história, nomeadamente a recente, tem casos que ilustram a relevância do combate à *perspectiva dominante*.

Recentemente, o Tribunal Constitucional, no Acórdão n.° 247/05, de 10 de Maio [9], julgou, com uma declaração de voto e com um voto de vencido, inconstitucional, por violação do princípio da igualdade, precisamente o artigo 175.° do Código Penal, "*na parte em que pune a prática de actos homossexuais com adolescentes mesmo que não se verifique, por parte do agente, abuso da inexperiência da vítima*" [10].

O trecho da decisão transcrito tem uma redacção equívoca. Com efeito, da fundamentação do aresto, à qual se voltará adiante, decorre que o juízo de inconstitucionalidade incide sobre a dimensão do artigo 175.° que não consagra a cláusula de abuso da inexperiência, diferentemente do que se encontra previsto no artigo 174.°. Nessa medida, é inconstitucional a não consagração do abuso da inexperiência no âmbito dos actos homossexuais com adolescentes, pelo que subsiste ao juízo de inconstitucionalidade a parte do tipo que se refere à prática de actos homossexuais com adolescentes quando o agente abusa da inexperiência [11]. O texto da decisão não é absolutamente claro, já que afirma a inconstitucionalidade do artigo 175.° (na sua globalidade?), mesmo quando não exige o abuso da inexperiência por parte do agente. A fórmula utilizada parece, com efeito, realçar ("*mesmo que se não verifique, por parte do agente, abuso da inexperiência da vítima*") a dimensão normativa *mais longe da inconstitucionalidade*, quando na verdade está a fazer menção ao objecto do juízo de inconstitucionalidade (o artigo 175.° é inconstitucional precisamente porque não exige o abuso da inexperiência da vítima).

Não obstante, e sem embargo de breves referências a alguns aspectos da fundamentação do acórdão [12], o juízo de inconstitucionalidade formulado

[9] Consultável em www.tribunalconstitucional.pt. Posteriormente foi proferido novo Acórdão sobre a mesma questão e com fundamentação no essencial idêntica (Acórdão n.° 351/2005, de 5 de Julho).

[10] Transcrição do texto da decisão.

[11] É manifesto que o tipo não refere de todo o abuso da inexperiência, mas é sustentável (dir-se-ia mesmo que é a solução mais defensável) uma leitura do preceito, à luz da decisão do Tribunal Constitucional, no sentido de ser crime a prática dos actos referidos quando haja abuso da inexperiência da vítima.

[12] Adiante retomar-se-á este aspecto. Não se deixa, porém, de fazer desde já referência a uma dualidade de linhas argumentativas na elaboração do aresto cuja harmonização apresenta alguma dificuldade: a par do entendimento segundo o qual, não sendo o comportamento (a prática dos actos sexuais em causa) proibido penalmente, é afirmado o direito do agente à expressão da sua sexualidade, acolhe o Tribunal a ideia de o juízo de inconstitucionalidade não impor, no plano da política legislativa, uma qualquer solução, podendo o legislador uniformizar os tipos pela solução que agora foi inconstitucionalizada. Na verdade, se é afirmado um direito constitucionalmente consagrado, dificilmente se justifica a aceitação da criminalização do seu exercício.

impunha-se pelo funcionamento do princípio da igualdade. E impunha-se precisamente no sentido em que foi proferido, isto é, o que é inconstitucional é o artigo 175.° na medida em que não exige o abuso da inexperiência. E com esta asserção começamos a *resposta à segunda pergunta* formulada supra: *qual o parâmetro da nivelação?*

O caso apreciado é o de um arguido acusado da prática de actos homossexuais com adolescentes (crime previsto pelo artigo 175.° do Código Penal). Porque se trata de actos homossexuais com adolescentes, não é exigido o abuso da inexperiência, como acontece com os actos sexuais com adolescentes, por força do artigo 174.°.

As considerações que o Tribunal Constitucional teceu nos dois últimos parágrafos do ponto 7 do aresto mencionado têm, no contexto da decisão tomada, relevância significativa [13]. Com efeito, o funcionamento do princípio da igualdade não implica ponderações absolutamente idênticas àquelas que têm lugar quando ao legislador se coloca, no âmbito da sua liberdade de conformação legislativa, a opção por uma de várias soluções possíveis. Dito de outro modo: o problema que o caso concreto encerra tem uma fisionomia específica que dita o sentido da sua solução. Diferentemente as coisas se passam quando ao legislador se põe a questão de decidir o sentido da opção legislativa. Aí pode acontecer que a nivelação das situações diferenciadas possa ser feita pelo critério que no juízo concreto é inconstitucionalizado.

E no caso subjacente ao processo em que o mencionado acórdão foi proferido, o princípio da igualdade, ao impor uma nivelação, por ausência de fundamento relevante para a diferenciação, só poderia ditar a inconstitucionalidade da solução do artigo 175.°. Nesse sentido milita a circunstância de se tratar de uma discriminação que, na perspectiva do sujeito que invoca o princípio da igualdade, implica uma restrição de direitos fundamentais, nomeadamente da

[13] Tais parágrafos têm o seguinte conteúdo:
"*Não deixa, por último, de se acentuar que o juízo de inconstitucionalidade assenta exclusivamente na análise comparativa do tratamento diferenciado que é dado, em termos de incriminação, às práticas de actos homossexuais com menores de 14 a 16 anos de idade face ao que merecem, nos mesmos termos, as práticas heterossexuais com adolescentes de idêntico escalão etário.*
*Nesta perspectiva, ele não tem implícito – e não poderia ter – qualquer juízo sobre a conformidade ou desconformidade constitucional do disposto no artigo 175.° do CP isoladamente considerado; o que significa que dos estritos limites do juízo agora feito não decorrerá, necessariamente, a eventual inconstitucionalidade de uma solução legislativa que viesse a igualar o tratamento jurídico-criminal das situações confrontadas ao nível do que agora é dado à prática de actos homossexuais, questão esta que, no caso, está fora dos poderes cognitivos do Tribunal.*".

sua liberdade pessoal (uma vez que ao arguido podia vir a ser aplicada uma pena).

É verdade que outras ponderações podiam ser realizadas. Por via de regra, à concretização do princípio da igualdade neste tipo de situações [14] não subjaz uma qualquer avaliação da *bondade* das soluções isoladamente consideradas que divergem e se confrontam. O juízo que se formula é, fundamentalmente, um *juízo relativo*, de confronto entre as duas soluções, que passa pela identificação (ou não) de discriminação e da existência (ou não) de fundamento para essa discriminação.

Tal não significa, porém, que aquela ponderação (a que tem por objecto a *bondade absoluta* das soluções) não possa ou até que não deva ser feita. Com efeito, o juízo que afirma a discriminação em face de duas soluções diferentes para casos substancialmente iguais incide, em princípio, sobre a solução que efeitos mais lesivos produz na esfera do destinatário, ou seja, a solução que normalmente é ilegítima é a mais gravosa (sobretudo, e de modo então quase incontornável, quando a invocação do princípio da igualdade é protagonizada pelo destinatário da solução mais gravosa – são, de resto, os casos em que a invocação do princípio da igualdade tem pertinência [15]). Pode, porém, acontecer que a solução mais vantajosa, aquela que funciona como bitola da nivelação, seja

[14] Situações em que a violação do princípio da igualdade se funda essencialmente na existência de uma norma que consagra uma solução mais vantajosa para situações em relação às quais não se justifica tratamento diferenciado.

[15] Tem-se agora presente que existem casos em que o sujeito que invoca o princípio da igualdade pretende, não beneficiar de um regime mais favorável do que aquele de que beneficia, mas evitar que uma categoria de sujeitos, à qual ele não pertence, beneficie de um regime favorável aos sujeitos que integram essa categoria. Pense-se, por exemplo, na categoria de funcionários que ocupa o topo da respectiva hierarquia. Por força do congelamento das remunerações, as remunerações destes funcionários não podem ser objecto de qualquer aumento, uma vez que atingiram o máximo. Outros funcionários, de categorias hierarquicamente inferiores, por força da normal progressão nos escalões podem atingir os montantes máximos daqueles outros funcionários cujos ordenados estão congelados. Pretender que os funcionários da categoria inferior não atinjam os montantes dos funcionários da categoria superior, invocando o princípio da igualdade, implica um funcionamento do princípio da igualdade no sentido, não de evitar uma solução desvantajosa, mas sim de evitar uma solução vantajosa para terceiros (é esse tipo de questão, para além de outras, que está subjacente ao Acórdão do Tribunal Constitucional n.° 237/98 – www.tribunalconstitucional.pt –, se bem que aí a questão se prendesse com a eliminação do congelamento das remunerações dos magistrados de categoria superior; no entanto, se houvesse norma que impedisse os funcionários da categoria inferior de atingirem os escalões máximos dos funcionários da categoria superior, estes não poderiam invocar o princípio da igualdade).

ilegítima numa perspectiva dogmática ou até inconstitucional[16]. Nesse caso, o princípio da igualdade poderá (deverá?) articular-se com uma ideia de justiça substancial da solução. Pensa-se nas situações em que a boa solução é a que discrimina, sendo ilegítima (inconstitucional, por exemplo – não pela violação do princípio da igualdade, mas sim pela violação de um qualquer outro princípio constitucional) a solução que se apresenta como mais vantajosa. Trata-se de um plano em que se interseccionam as ponderações inerentes à solução do caso concreto com as ponderações próprias da política legislativa, pois não será pela via da decisão do caso que a solução vantajosa ilegítima pode ser alterada. Poderá o princípio da igualdade, nestas constelações de casos, manter o seu *autismo* em relação à *bondade absoluta* (à legitimidade intrínseca, própria, autónoma) das soluções entre as quais se movimenta (exemplo da explicitação desse *autismo* é consubstanciado pelas considerações a que se fez referência constantes do Acórdão n.° 247/2005, no sentido de uma qualquer solução ser legítima, desde que seja igual para as duas categorias de casos[17]). A resposta à questão formulada não será agora avançada. Mas sugere-se, no entanto, que a ponderação inerente ao princípio da igualdade poderá ir além do mero confronto das soluções.

Aplicando estas considerações ao caso concreto em questão, pode dizer-se que seria sustentável a manutenção da solução constante do artigo 175.° se a solução do artigo 174.° fosse inconstitucional. Tal implicaria, por exemplo, uma obrigação constitucional de incriminação dos casos de actos sexuais (heterossexuais) com adolescentes (entre os 14 e os 16 anos) sem abuso, por parte do agente, da inexperiência do menor. É, no entanto, dificilmente sustentável tal obrigação, sobretudo numa área que se encontra numa faixa fortemente sujeita a uma significativa liberdade de conformação do legislador[18].

Nessa medida, a solução do caso passa, em face da actual configuração dos crimes em causa, pela inconstitucionalidade da solução do artigo 175.°.

[16] Não deixará de se sublinhar que as soluções serão diferentes em função de se tratar de uma ilegitimidade decorrente da violação da Constituição ou de se tratar de uma ilegitimidade decorrente de fundamentos dogmáticos.

[17] Como se deixou claro no texto, concorda-se com tais asserções. E, adianta-se (com reservas), porventura nenhuma das duas soluções em confronto no referido aresto é inconstitucional, se considerada isoladamente (desligada, portanto, do confronto que o princípio da igualdade impõe)

[18] Cf., quanto à questão das obrigações constitucionais de incriminação, Maria Fernanda Palma, "Constituição e Direito Penal", *Casos e Materiais de Direito Penal*, 3.ª ed., 2004, p. 21 e ss.. Cf., também, Carlota Pizarro de Almeida, " Algumas considerações a propósito do acórdão n.° 211/95 do Tribunal Constitucional", texto inserido na mesma obra colectiva, p. 203 e ss..

Tal não significa, contudo, que a solução do artigo 174.°, aquela que serve de bitola, de critério nivelador, seja a solução que, no plano da política criminal, se afigure a mais adequada. A esse assunto dedicar-se-á o ponto seguinte das presentes reflexões.

Antes, porém, da apreciação da configuração actual do tipo incriminador do artigo 174.°, não se deixará de tecer algumas considerações sobre as declarações de voto apostas ao Acórdão n.° 247/2005.

Numa declaração de voto (que materialmente contém um voto de vencido), foi citado o Acórdão n.° 25/84, no qual o Tribunal Constitucional procedeu à apreciação da conformidade à Constituição do regime legal da interrupção voluntária da gravidez actualmente em vigor.

A ideia fundamental é a do reconhecimento ao legislador infraconstitucional, nomeadamente no âmbito da incriminação ou descriminalização de certos comportamentos (estava em causa, no aresto invocado, a interrupção voluntária da gravidez), de uma significativa margem de liberdade legislativa dentro da qual o juízo de constitucionalidade não impõe qualquer solução.

Ora, uma perspectiva favorável à descriminalização do aborto (em moldes que podem, naturalmente, variar no tempo em função das circunstâncias sociais) e, consequentemente, aos seus fundamentos não é incompatível com a aceitação de uma ponderação decorrente do princípio da igualdade e da inerente proibição de discriminação que leve a formular um juízo de inconstitucionalidade quando o critério no qual assenta a diferenciação da solução legislativa se afigura ilegítimo. É aliás inquestionável que o princípio da igualdade consubstancia um dos limites que a Constituição impõe à actividade legislativa. Ao que acresce a improcedência da invocação acrítica do argumento citado na declaração de voto, sob pena da quase inviabilização de um qualquer juízo de inconstitucionalidade.

É certo que existe uma margem considerável de liberdade legislativa no plano infraconstitucional. Porém, a detecção dessa zona de liberdade passa pela sua demonstração no caso, o que não se confunde com a sua mera afirmação.

Por último, a leitura do princípio da igualdade (aliás, da Constituição) é dinâmica, isto é, não pode ignorar as evoluções sociais, políticas e jurídicas. Vinte anos, neste contexto, têm de ser tomados em linha de conta.

A segunda declaração de voto aposta ao Acórdão n.° 247/2005 (que, pela ordem das respectivas assinaturas, é a primeira), apresenta uma complexidade diversa. A ideia central é a de considerar ainda inconstitucional a dimensão normativa apreciada por violação do princípio da necessidade (artigo 18.°, n.° 2, da Constituição), com o seguinte fundamento: se a solução normativa apreciada é inconstitucional por violação do princípio da igualdade, trata-se de uma solução ilegítima, logo não se afigura necessária a intervenção da tutela penal.

O raciocínio apresentado vai um pouco mais além. Afirma-se que, não tendo a diferença de tratamento jurídico com base na orientação sexual fundamento racional, só o elemento típico "abuso da inexperiência" legitima a intervenção penal, por só nestas circunstâncias poder haver dano ou perigo de dano para o bem jurídico protegido (autodeterminação sexual).

É verdade que na fundamentação do Acórdão, quando se interpreta o artigo 174.° do Código Penal, nomeadamente a cláusula referente à exigência do abuso da inexperiência da vítima, o Tribunal Constitucional refere que o legislador parte do princípio de que, quando o menor já tem experiência sexual, ou, embora não a tendo, quando não há abuso da sua inexperiência, não ocorre qualquer perigo para o livre desenvolvimento da personalidade do menor, pelo que não se justifica, na perspectiva da protecção de bens jurídicos, a intervenção da tutela penal. Nesta linha argumentativa, o aresto avança para a ideia, que posteriormente é concretizada na declaração de voto da Relatora, mas aparentemente contrariada pelo teor do último parágrafo da fundamentação[19], segundo a qual não havendo necessidade, em função da ausência de carência de protecção de bens jurídicos, de punir um dado comportamento, a intervenção penal é ilegítima, por violação do princípio da necessidade (artigo 18.°, n.° 2, da Constituição).

Nada se acrescenta nem retira à ideia aqui expressa, à qual, em abstracto, naturalmente se adere. Porém, esta linha argumentativa do Acórdão, e depois, explicitamente, a declaração de voto, pressupõem (parecem pressupor) que o princípio da igualdade contém, em si, necessariamente, este tipo de ponderações, ou seja, que o princípio da igualdade implica a ponderação de critérios de necessidade, para lá de um mero confronto de soluções diferentes. Retoma-se agora o que se deixou dito sobre o funcionamento do princípio da igualdade.

O princípio da igualdade funciona, neste âmbito, "cegamente"[20], isto é, não avalia, do ponto de vista da sua legitimidade, a bondade da solução que serve de parâmetro de nivelação. A perspectiva é a de aplicar no caso a solução mais favorável, em detrimento daquela que é especificamente prevista para o sujeito que invoca a discriminação. Isto, claro está, no caso de não existir fundamento para a discriminação. Se essa solução mais favorável é aquela que, numa perspectiva de política legislativa, mais se adequa a um princípio de justiça, ou outro, é valoração que não interfere com a concretização do princípio da igualdade. E este "autismo" ainda tem um certo fundamento racional: "os

[19] A esta discrepância já se fez referência supra.

[20] Falou-se, supra, em "autismo".

custos" de uma má articulação de soluções legais originada pelo legislador não se devem repercutir na esfera dos destinatários das normas. Assim, a solução passa pela alteração da lei. Contudo, enquanto a situação não for alterada, a lei será aplicada em conformidade com os princípios constitucionais inerentes, nomeadamente o da igualdade.

É, por outro lado, evidente que pode estar a falar-se, como já se referiu, da aplicação de uma solução que é ela mesma inconstitucional (centra-se agora a atenção nesta hipótese), por violação de um qualquer outro princípio constitucional. Concretizando no caso subjacente ao Acórdão em apreciação, imagine-se que a cláusula que exige o abuso da inexperiência do menor constante do artigo 174.° do Código Penal é, ela própria, inconstitucional. Poderia o arguido pretender a sua aplicação, invocando, como o fez, o princípio da igualdade (reclamando assim, por força do princípio da igualdade, a aplicação de uma solução inconstitucional)? Tal questão, nestes termos colocada, impõe a apreciação da conformidade à Constituição da solução do artigo 174.°, quando o que no recurso de constitucionalidade interposto é questionado é a conformidade à Constituição do artigo 175.°. Admitindo que quando o Tribunal Constitucional, ao proferir uma decisão de inconstitucionalidade por violação do princípio da igualdade, determina a não aplicação de uma dada norma e, consequentemente, a aplicação de uma outra solução legal (neste momento pensa-se fundamentalmente nos casos em que só existem duas alternativas, deixando-se de fora destas considerações as situações em que existem várias possibilidades, para lá da solução julgada inconstitucional), é configurável que o Tribunal possa proceder à apreciação da conformidade à Constituição da solução cuja aplicação decorre do julgamento de inconstitucionalidade por violação do princípio da igualdade. Trata-se de uma atenuação do funcionamento "autista", "cego", ou, mais propriamente, acrítico do princípio da igualdade, em função de uma perspectiva substancialista. Não que se entenda que o princípio da igualdade não encerra valorações substanciais de justiça e de equidade. Porém, em determinados casos, pode acontecer que o seu funcionamento bloqueie a concretização de outros valores. Aí haverá então lugar para a confrontação das soluções em causa com outros princípios constitucionais e, em função de uma ponderação que compreende uma leitura articulada do sistema constitucional, serão retiradas as consequências inerentes (que, no limite, poderão concretizar-se na recusa de aplicação neste contexto, por inconstitucionalidade, da solução pela qual o sujeito pretende ver nivelada a sua situação).

No entanto, a solução que se deixa exposta, num diverso modo de abordar a questão, parece embater na fisionomia do recurso de constitucionalidade. Com efeito, o Tribunal Constitucional, no âmbito da fiscalização concreta da inconstitucionalidade, aprecia a conformidade à Constituição de normas aplicadas pela decisão recorrida. Na sequência de um juízo de inconstitucionalidade, cabe ao tribunal *a quo* proceder à reformulação da decisão que aplicou a norma julgada inconstitucional. O juízo de inconstitucionalidade a que se aludiu supra pode ser formulado pelo tribunal recorrido. Porém, ao Tribunal Constitucional apenas compete apreciar a conformidade à Constituição da norma aplicada pela decisão e não a que virá a ser aplicada na sequência da reformulação desta decisão. Caso o tribunal recorrido formule um juízo de inconstitucionalidade, recusando com tal fundamento a aplicação da norma que seria aplicável na sequência do juízo formulado pelo Tribunal Constitucional, então haverá de novo recurso para o Tribunal Constitucional que, então sim, procederá à apreciação da questão de inconstitucionalidade normativa que tem por objecto a norma que foi convocada na sequência do juízo de inconstitucionalidade incidente sobre a primeira norma.

Neste segundo juízo que o Tribunal Constitucional é chamado a formular pode recolocar-se então a questão da violação do princípio da igualdade, já que o parâmetro nivelador das soluções que fundamentou o juízo de inconstitucionalidade por violação do princípio da igualdade é ele próprio inconstitucional, por violação de um qualquer outro princípio constitucional. Tal apreciação pode colocar-se ao Tribunal Constitucional, não obstante o segundo recurso de constitucionalidade ter por objecto a norma cuja aplicação foi recusada no contexto da reformulação da decisão por força do primeiro juízo de inconstitucionalidade por violação do princípio da igualdade, já que no segundo recurso também estará em causa o cumprimento da decisão do Tribunal Constitucional, questão que compete, naturalmente, ao Tribunal Constitucional.

Estas são duas possíveis formas de resolver a questão enunciada. Considera-se que a melhor solução, sem embargo de dúvidas que subsistem em face da dificuldade do problema, é a que se referiu em primeiro lugar. Com efeito, o Tribunal Constitucional, ao formular um juízo de inconstitucionalidade, na sequência do confronto, sob o prisma do princípio da igualdade, de duas soluções legislativas, está também "a aplicar" a solução legal que serve de parâmetro nivelador, já que ela integra decisivamente a fundamentação de tal juízo [21]. O Tribunal Constitucional, ao afirmar a violação do princípio da igualdade, em

[21] Com efeito, nas situações referidas, a inconstitucionalidade por violação do princípio da igualdade decorre fundamentalmente da existência de uma outra norma mais favorável (isso mesmo foi reconhecido, por exemplo, no aresto do Tribunal Constitucional citado supra, no trecho transcrito na nota 13).

face de uma solução mais vantajosa, não pode (não deve) ignorar a própria legitimidade constitucional dessa solução legal[22].

Mas não é este o caso que subjaz ao Acórdão n.° 247/2005. Não se considera inconstitucional a norma constante do artigo 174.° do Código Penal, quando exige o abuso da inexperiência para a incriminação da prática de actos sexuais com adolescentes. Desde logo, porque tratar-se-ia, então e como se mencionou, da inconstitucionalidade de uma não incriminação, o que implicaria a exigência constitucional de um crime, o que, no caso, não se afigura defensável[23].

Neste ponto, cabe lembrar que existe uma certa margem de actuação do legislador infraconstitucional, na qual o princípio da necessidade tem uma *eficácia atenuada*. Isto é, há comportamentos que podem ser legitimamente incriminados (não se colocando então qualquer problema em face do princípio da necessidade), mas que em relação aos quais a ausência de incriminação também não gera qualquer problema significativo. Pense-se, por exemplo, no artigo 139.° ou no artigo 190.°, n.° 2, ambos do Código Penal. Pense-se, ainda, na descriminalização de determinados comportamentos abrangidos pelo regime do cheque sem provisão. A incriminação é legítima, mas pode o legislador, por razões várias de política criminal, optar pela descriminalização[24]. Desde logo,

[22] Refere-se aqui Rui Pereira no seu estudo "A relevância da lei inconstitucional mais favorável", *Revista Portuguesa de Ciência Criminal*, ano I, 1991, p. 55 e ss., segundo o qual a legitimidade constitucional da norma consubstancia uma questão prévia à sua aplicação. Se assim é, o Tribunal Constitucional, ao inconstitucionalizar uma dada solução legal com fundamento na existência de uma outra solução mais vantajosa, deve apreciar a validade (constitucional) dessa outra solução.

[23] Teria legitimidade para invocar tal inconstitucionalidade (que, repete-se, se considera improcedente) uma vítima (assistente no respectivo processo penal) adolescente (entre os 14 e os 16 anos) que tivesse praticado com maior actos heterossexuais sem que o agente (o maior) tivesse abusado da inexperiência da menor. Com tal invocação pretenderia a assistente a punição (a incriminação) do maior que pratica actos heterossexuais com adolescente sem que se verifique abuso da inexperiência da vítima. Estas situações encontram-se paredes meias com a figura da inconstitucionalidade por omissão, o que suscita problemas de ordem processual que não serão agora abordados, mas que, no limite, podem culminar com a inviabilização do funcionamento dos mecanismos de fiscalização concreta da constitucionalidade.

[24] Questão conexa, mas relevantemente diversa, é a da consagração de uma *vacatio legis* excessivamente longa de uma norma penal favorável. Com efeito, se a decisão legislativa está tomada, não se justifica o diferimento da sua entrada em vigor. Para além de consubstanciar tal actuação do legislador uma instrumentalização ou mesmo um desvio das finalidades da própria *vacatio legis* (que visa fundamentalmente garantir um período razoável para que os destinatários da lei tomem conhecimento do seu conteúdo, e não a resolução de problemas inerentes às opções de política criminal).

porque o princípio da necessidade não traça uma linha de fronteira entre o que é crime e o que constitui direito de alguém. Como é evidente, o carácter fragmentário do direito penal e o princípio da intervenção mínima, concretizações (ou desdobramentos) do princípio da necessidade, levam a que um determinado comportamento, embora não sendo crime, possa ser ilícito. Mas também, e decorre do que se disse, o princípio da necessidade não é o único critério de intervenção da tutela penal. É, na verdade, um critério, e um critério relevantíssimo, e ainda um critério que não pode ser violado quando se legisla no sentido da incriminação, mas este mesmo critério deixa espaço para a ponderação de outros critérios.

Assim, a inconstitucionalidade por violação do princípio da igualdade pode não acarretar automaticamente a inconstitucionalidade por violação do princípio da necessidade.

Na declaração de voto, fundamenta-se, porém, a violação do princípio da necessidade no próprio fundamento da incriminação, que é a ocorrência do abuso da inexperiência do menor, para além de se fazer referência à evolução da lei penal em matéria de crimes sexuais.

Nessa medida, passa-se agora para a análise da cláusula "abuso da inexperiência" e, por essa via, do plano do direito positivo para a crítica legislativa.

## 2. O abuso da inexperiência no contexto dos crimes sexuais com adolescentes

### a) *A cláusula de abuso de inexperiência*

A consequência do juízo de inconstitucionalidade constante do Acórdão n.º 247/2005 parece ser a nivelação dos dois crimes pelo artigo 174.º do Código Penal, ou seja, só é crime a prática de actos sexuais com adolescentes se o agente abusar da inexperiência da vítima, independentemente de se tratar de actos heterossexuais ou homossexuais.

A experiência para este efeito tem sido entendida como prática anterior de actos sexuais. Não a exigência "do carácter (sexualmente) impoluto da vítima" [25], mas uma prática de actos sexuais que confere ao menor uma capacidade de resistência ou de decisão livre em relação ao acto sexual.

[25] Cf. Jorge de Figueiredo Dias, comentário ao artigo 174.º do Código Penal, *Comentário Coninbricense do Código Penal,* Tomo I, 1999, p. 567.

Não obstante os inegáveis esforços da doutrina na densificação de tal cláusula, a jurisprudência assume uma perspectiva muito mais simplista neste contexto: se a vítima tem experiência sexual, entendida esta como prática de actos sexuais, então não há (não pode haver) abuso da inexperiência[26].

Ora, a experiência a que se refere o artigo 174.° do Código Penal não tem necessariamente de ser uma experiência no plano sexual. A letra da lei não o exige e a própria finalidade da norma não o sugere.

Fundar na experiência sexual anterior da vítima a não responsabilização do agente que pratica actos sexuais com um adolescente é axiologicamente contraditório. Com efeito, a lei penal considera irrelevante a vontade da vítima (entre os 14 e os 16 anos) quando esta é inexperiente (desde que haja, por parte do agente, abuso dessa inexperiência). Mas na mesma faixa etária considera relevante a experiência sexual, experiência essa que necessariamente terá sido adquirida através da prática de actos numa altura anterior, em que a vontade da vítima menos relevante tinha de ser, já que tinha menos idade. Pode mesmo acontecer que a experiência seja adquirida numa altura em que a prática dos actos que conferem a posteriormente relevante experiência consubstanciam crime. Isto é, quando a vítima entre os 14 e os 16 anos é inexperiente, a sua vontade é irrelevante. Mas ao atribuir relevância à experiência reconhece-se relevância à vontade que subjaz à aquisição dessa experiência, vontade essa relativa ao mesmo tipo de actos, só que praticados em momento anterior, em que a idade da vítima ainda é inferior.

Há neste modo de entender e solucionar esta questão uma contradição flagrante que urge afastar.

Note-se que a alternativa explicativa a esta interpretação legal ainda menos racional se afigura. Com efeito, se se considerar que não se reconhece relevância à vontade da vítima no momento da aquisição da experiência mas reconhece-se relevância à vontade da vítima quando essa experiência existe, então

[26] Veja-se, a título meramente exemplificativo, o acórdão do Supremo Tribunal de Justiça, de 19 de Março de 1992, citado por LEAL-HENRIQUES e SIMAS SANTOS, *Código Penal Anotado*, 3.ª, ed., 2.° vol., 2000, p. 450, segundo o qual "É inexperiente (...) a rapariga menor de 15 anos que nunca antes tinha mantido trato carnal com outro homem...". É verdade que do sumário desse aresto constam outros elementos "... que vivia com os pais, modestos apanhadores de minhoca por conta da mãe do arguido e que namorava com um rapaz, mas a recear contactos físicos com ele.". Não obstante, é evidente que a inexperiência é fundamentalmente consubstanciada pela ausência de contactos sexuais. Tudo o mais, desde a profissão dos pais, até à existência de um namorado (o que até poderia infirmar a inexperiência da menor), são referências que, sem a ausência de contactos sexuais prévios, não poderiam, na lógica da decisão, fundamentar a inexperiência da menor.

a experiência transfigura-se num anátema lançado sobre a vítima, que se vê, por essa via, duplamente vitimizada: quando foi vítima dos crimes que lhe conferiram experiência; e quando pratica os actos numa altura em que essa experiência é relevante [27].

Numa outra perspectiva ainda, cabe realçar que a experiência neste âmbito, ao contrário do que por vezes é avançado, não constitui factor de facilitação da consumação dos actos sexuais por parte do agente. Com efeito, a falta de experiência, com o inerente desconhecimento da natureza dos actos que o agente pretende praticar, em vítimas da faixa etária compreendida entre os 14 e os 16 anos, pode constituir, ao invés, factor de dificultação da consumação de tais actos, já que a vítima, desconhecendo o sentido daquilo que o agente pretende, poderá tender a evitar o que não conhece e lhe parece estranho [28]. Deste modo, não é líquido afirmar que a falta de experiência facilita o cometimento dos actos sexuais por parte do agente.

De resto, e tendo presente casos que vão sendo cada vez mais comuns (ou vão sendo cada vez mais conhecidos – pensa-se na categoria de casos subjacentes aos processos nos quais foram proferidos os Acórdãos do Tribunal Constitucional indicados supra), a experiência neste contexto é (pode ser) indício da necessidade de uma maior protecção, protecção social, económica, mas também jurídica e jurídico-criminal. Na verdade, o desenvolvimento de uma pessoa num âmbito familiar protector (não interessando agora o tipo de família em causa) dificulta a aquisição da experiência sexual a que se alude. Não se pretende sustentar que os adolescentes inseridos familiarmente não têm experiências sexuais ou até uma vida sexual activa. O que se afirma é que o tipo de experiência inerente à actividade de prostituição infantil é evidentemente adquirida em contextos nos quais falham rotundamente a formação e a protecção familiares.

[27] Trata-se de uma "rotulação" ética, moral, social e juridicamente inaceitável.

[28] Veja-se, paradigmaticamente, o aresto a que se fez referência na nota 26. Com efeito, a menor que nunca teve contacto sexual com terceiro tinha receio de contactos físicos com o próprio namorado. Se manteve tais contactos com o arguido, não foi, porventura, por ser experiente neste sentido, mas sim porque o arguido era filho da pessoa para quem os pais trabalhavam. Surge aqui, deste modo, uma outra constelação de circunstâncias (no caso, a dependência económica) que não se confunde com a mera ausência de contactos sexuais anteriormente e verdadeiramente pouco tem a ver com ele. A esta eventualmente intencional confusão ainda subjaz (pode subjazer) uma *tutela da virgindade* que pouco (ou nenhum) sentido apresenta hodiernamente; no plano jus-criminal trata-se, a serem assim as coisas, de um modo de solucionar o problema verdadeiramente insustentável.

Não se olvida que para a prática dos actos referidos concorre a vontade da vítima. No entanto, a questão também passa pela identificação de uma vontade relevante em função da idade. Essa relevância não pode assentar numa experiência entendida como experiência adquirida pela prática de actos sexuais (experiência sexual).

Admite-se que poderia ser solução, no plano da política legislativa, a nivelação pelo artigo 175.° do Código Penal, ou seja, seria sempre crime a prática de actos sexuais praticados por maior com menor entre os 14 e os 16 anos. Contudo, tal solução abrangeria, incriminando, situações que não têm merecimento criminal[29].

b) ***Solução proposta para a cláusula restritiva da incriminação de actos sexuais com adolescentes***

É antes de considerar um outro conteúdo para a cláusula que deve delimitar a prática de actos sexuais com adolescentes (sendo indiferente tratar-se de actos hetero ou homossexuais). Esse conteúdo há-de ser identificado em função da teleologia subjacente à própria incriminação.

O direito penal não tem um intuito moralizador da sociedade. Pode espelhar uma dada moral, mas não visa a sua imposição. O direito penal visa a protecção de bens jurídicos constitucionalmente relevantes.

Os crimes contra a autodeterminação sexual protegem a formação da dimensão sexual da pessoa.

O grau em que, nas várias fases da vida, esse bem jurídico reclama a intervenção da tutela penal varia. Numa fase adiantada (a que agora se tem presente: entre os 14 e os 16 anos) o respeito pela autodeterminação sexual é compatível com uma vida sexual activa. Na verdade, a prática de actos sexuais entre adolescentes constitui, não raras vezes, modo de evolução e crescimento de um indivíduo estruturado e completo.

Necessário é que concorram dois factores fundamentais: vontade e igualdade de e entre ambos os intervenientes. A estes factores pode acrescer o afecto.

[29] Com efeito, a vida sexual de um jovem adolescente (entre os 14 e os 16 anos) com um maior (pense-se num jovem de 18 anos, mas pense-se ainda num jovem de 16 anos, penalmente imputável, portanto) pode não ter nada de censurável no plano criminal. O direito penal apenas pretende evitar aqueles comportamentos que interferem com o livre desenvolvimento da personalidade do adolescente. É esse o bem jurídico protegido.

Mas eles são absolutamente imprescindíveis para que a prática de actos sexuais possa estar fora da alçada da intervenção criminal.

Tudo isto para dizer que na faixa etária em causa, há espaço para o reconhecimento da prática de actos sexuais que não têm de ser incriminados, porque se situam num espaço de liberdade.

Cabe então perguntar: *quando é que poderá ser crime a prática de actos sexuais com adolescentes*?

Sê-lo-á, deve sê-lo, *quando não existe nem igualdade nem vontade* (em alternativa, ou seja, basta que falte uma para que a intervenção penal possa ter lugar de modo legítimo).

Abre-se aqui um parêntesis para abordar sumariamente a questão da *vontade*.

Quando se fala em vontade no campo dos actos sexuais não deve ser suficiente a existência de uma exteriorização verbalizada de uma intenção concordante. A relevância da vontade passa por vários factores, que não apenas os objectiváveis no momento da prática do acto.

O consentimento, para este efeito, deve assentar em dois pilares. O primeiro, *interno*, dir-se-ia, será naturalmente o nível ou grau de maturidade, aferido em função de diversos factores, dos quais avulta a idade do sujeito e o tipo de acto para cuja prática o consentimento é prestado.

O segundo, *externo*, tem a ver com as condições em que o sujeito manifesta a sua vontade, condições essas relativas à existência de uma efectiva possibilidade de opção, de escolha entre várias hipóteses, de modo a criar o cenário ideal de um exercício pleno da liberdade individual. Na verdade, uma vontade só pode ser considerada consequente (ou relevante) se manifestada em condições de liberdade, para que a sua formação não sofra influências que viciam o exercício pessoal da tomada de decisões. Onde não haja liberdade, a vontade manifestada só corresponderá à vontade efectiva por mero acaso.

E não se pensa apenas nas situações clássicas de coacção (física ou psicológica).

As circunstâncias sociais e económicas, a premência da satisfação imediata de necessidades básicas, enfim, toda a sorte de situações de carência, não interessando por ora a sua natureza, podem de tal modo influenciar o sujeito que a vontade deste perde autonomia, deixando de ser um vontade livre e por isso relevante.

Claro está que não se pretende transpor o que se deixa dito para o plano da desculpa de comportamentos ilícitos, e muito menos introduzir neste contexto a análise das complexas questões relacionadas com a ideia de desculpa, ou ainda densificar (ou criar) um qualquer princípio de desculpa[30]. Mas sempre se

[30] Sobre a questão, cf. o recente livro de Maria Fernanda Palma, *O princípio da desculpa em Direito Penal*, 2005.

adiantará que o que se deixa dito assume (pode assumir) relevância nesse plano e nele deve, desse modo, ser ponderado.

Assim, consentimento relevante, revelador de uma vontade livremente formada, só é aquele em que o processo decisório (de alguém que dispõe da maturidade necessária) decorre em circunstâncias não pressionantes, que permitem a livre e efectiva possibilidade de opção entre várias soluções verdadeiramente concretizáveis.

Trata-se de *vontade* em *liberdade*.

E o que se deixa dito de algum modo densifica o que se pretende significar com a exigência de *igualdade*. Mas não na totalidade. Explicando: os factores pressionantes a que se aludiu afectam naturalmente as condições de igualdade, já que um desnível social ou económico entre agente e vítima da natureza dos referidos inviabiliza a equivalência de planos em que se devem encontrar os sujeitos de um acto sexual. Mas neste contexto (o da prática de actos sexuais com adolescentes) a exigência é maior (dada a natureza do bem jurídico) e justifica a nivelação de planos, no sentido da sintonia de intenções e de significados do acto a praticar, de modo a evitar, por exemplo, o aproveitamento (ou antes o abuso) do fascínio que a imagem de uma vida já construída pode exercer sobre um adolescente.

Numa lógica de política criminal, só faz sentido incriminar os comportamentos que se traduzem no aproveitamento de situações de significativa debilidade da vítima que, em face da sua idade (volta-se a pensar nas idades entre os 14 e os 16 anos), não dispõe das condições necessárias para a formação de uma vontade à qual possa ser conferida ou reconhecida relevância. Desse modo, a cláusula *abuso da inexperiência* não abrange todas as situações que carecem de protecção legal, já que deixa de fora os casos de marginalização, decorrente de uma experiência muitas vezes (a maior parte, dir-se-ia) adquirida na concretização de outros crimes, no que agora interessa, na qualidade de vítima, inviabilizando a recuperação desta.

Correndo o risco dos jogos de palavras fáceis e simplificadores, estranho sistema seria aquele que aposta na recuperação do delinquente mas que inviabiliza a recuperação da vítima.

A cláusula de abuso de inexperiência, entendida no sentido que se critica, fomenta a manutenção de um estado de coisas que, do ponto de vista social, económico, humano e jurídico não pode ser tolerado.

Nessa medida, propugna-se a nivelação das incriminações em questão (as dos artigos 174.° e 175.° do Código Penal) pelo modelo do artigo 174.°, devendo a fórmula ser alargada. O que se sugere é uma cláusula que, para além do abuso da inexperiência, abranja igualmente o abuso de situação económica ou social precária, bem como o abuso de situação de necessidade, e ainda o abuso de debilidade da vontade, em função de uma deficiente formação ou/e de ausência de educação.

O modo de concretizar legalmente esta ideia poderá não ser fácil, mas a dificuldade não deve permitir a subsistência de um sistema que a vários níveis se afigura perverso, iníquo e, nessa medida, juridico-criminalmente isustentável, como se pensa ter sido demonstrado.

Considera-se, assim, adequada a uma política criminal orientada pela protecção de bens jurídicos fundamentais a incriminação dos actos sexuais com adolescentes (entre os 14 e os 16 anos) que decorrem do abuso de situação de necessidade económica, do abuso de debilidade social e do abuso de personalidades imaturas. Admite-se a manutenção do abuso da inexperiência (que, de algum modo, pode ser consumido pelas situações a que se fez referência), mas não é esta a situação que mais carece de protecção legal e, de modo algum, se afigura a única que justifica a intervenção penal (se não for por maioria de razão, seguramente será por igualdade de razão).

## 3. **Conclusões**

São duas as conclusões do que se deixa dito.

I – O artigo 175.° do Código Penal, na medida em que não exige o abuso da inexperiência no âmbito da prática de actos homossexuais com adolescentes, diferentemente do que acontece com a incriminação da prática de actos heterossexuais com adolescentes (artigo 174.° do Código Penal), é inconstitucional, por violação do princípio da igualdade consagrado no artigo 13.° da Constituição.

II – A lei devia ser alterada no sentido de incriminar a prática de actos sexuais com adolescentes (independentemente da se tratarem de actos hetero ou homossexuais), quando tivesse lugar abuso de situação de necessidade, vulnerabilidade, dependência ou inexperiência da vítima.

# *O administrador delegado (A delegação de poderes de gestão no Direito das Sociedades)*

DR.ª ISABEL MOUSINHO DE FIGUEIREDO

SUMÁRIO: *Introdução. 1. A Administração da empresa: 1.1. A fiscalização interna da administração; 1.2. Funcionamento do Conselho de Administração; 1.3. Papel do Presidente do Conselho de Administração; 1.4. Irrelevância de decisões externas ao Conselho. 2. Modalidades: 2.1. Delegação de poderes de gestão; 2.2. Delegação de poderes de representação; 2.3. Coexistência de órgãos delegados; 2.4. Funcionamento do órgão delegado. 3. Requisitos e limites da delegação: 3.1. Qualidade de administrador; 3.2. Matérias delegáveis; 3.3. Autorização estatutária; 3.4. Deliberação do Conselho de Administração; 3.5. Aceitação do delegado; 3.6. Registo e publicação; 3.7. Sub-delegação; 3.8. Delegação irrevogável. 4. Efeitos da delegação: 4.1. Efeitos para os administradores não delegados; 4.2. Efeitos para o órgão delegado. 5. Vicissitudes: 5.1. Efeitos da invalidade da delegação; 5.2. Abuso de delegação; 5.3. Meios de reacção. 6. Cessação. 7. Natureza jurídica; 7.1. Do administrador delegado e da comissão executiva; 7.2. Do acto de delegação. 8. Conclusões.*

## Introdução

A delegação de poderes de administração não passa de uma parte da repartição de tarefas já dentro de um contexto maior de arrumação de funções na sociedade. Assume um papel nuclear, é certo, mas deve ser inserida no contexto maior que a envolve.

É à luz de tal contexto que serão vistas as consequências jurídicas e, em função destas, concluída a natureza da delegação do Direito das Sociedades, por comparação ao mandato civil e à delegação do Direito Administrativo.

## 1. A Administração da empresa

A sociedade personifica a empresa que lhe subjaz, enquanto reunião e organização funcional de meios para um fim imediato de produção de riqueza e um fim mediato de produção de valor para os sócios. A empresa funciona graças ao contributo dos titulares dos órgãos sociais, dos trabalhadores e de terceiros. Todos eles *administram* a sociedade – ou, em rigor, a empresa. As regras de organização destes elementos e a respectiva repartição de tarefas pode assumir variadíssimas formas.

A proa da empresa é confiada a um órgão de direcção que dirige, controla e planeia a actividade desta. Cumpre *garantir* que este desempenhe as funções que lhe são incumbidas da melhor forma.

A responsabilização dos administradores não é o sistema mais eficaz de garantia de uma boa gestão dos negócios da empresa. Esta pressupõe um litígio aberto entre a sociedade e o seu administrador, que poderá culminar numa acção judicial. Os processos são demasiado morosos, custosos, de resultado incerto, dão má imagem à sociedade e o juiz tem grandes limitações de poderes e qualificação para uma apreciação de mérito da dinâmica empresarial [1]. Geralmente a reacção ficar-se-á pela destituição do administrador. Razões pelas quais também o recurso efectivo à instância judicial é reduzida e os tribunais raramente são chamados a debruçar-se sobre a dinâmica da administração em concreto [2]. Se os sócios pudessem excluir-se reciprocamente sem restrições, provavelmente também não haveria quase jurisprudência em matéria de deliberações da assembleia.

Tal como a responsabilização por danos, também os incentivos remuneratórios como meio de assegurar uma boa gestão se revelam eficazes apenas para resultados visíveis a curto prazo e, em todo o caso, insuficientes por si só.

[1] Sobre a aplicação jurisprudencial da *business judgement rule* entre nós, que impede a apreciação do mérito das decisões de gestão, Sentença da 3.ª Vara Cível, 1.ª secção, da comarca de Lisboa, de 27.10.2003 (Caetano Nunes), *Colectânea de Jurisprudência*, 2003, III, p. 17 e ss.

[2] Com efeito, a violação de regras de funcionamento da administração frequentemente só é invocada pela sociedade que pretende invalidar obrigações assumidas, geralmente sem sucesso, pois o principal efeito da violação de regras de organização será a responsabilização dos administradores e não a invalidade do acto, conforme se verá melhor adiante. Os casos mais frequentes serão aqueles que surgem na sequência de ter sido accionada uma garantia prestada sem a aprovação do Conselho, já que a delegação desta matéria não é admissível, em consonância com a presunção de desrespeito pelo objecto social reflectido no artigo 6.°, n.° 3, do Código das Sociedades Comerciais.

Razões pelas quais um controlo preventivo, ágil e atempado, com ampla liberdade de apreciação do mérito das decisões dos administradores se apresenta não só como a solução mais desejável mas também como uma verdadeira necessidade para garantir a melhor gestão das empresas e contribuir para a saúde da economia. A livre destituibilidade dos administradores revela-se como a consequência mais drástica de uma desaprovação da gestão. A delegação de poderes permite uma monitorização e reacções mais adequadas à melhor fiscalização da gestão.

Em especial, quando se trate de sociedades de capitais, a organização da *fiscalização interna* da sociedade é um ponto particularmente sensível, por estas estarem vocacionadas para uma recolha de capitais junto de um conjunto mais vasto de sócios, que por conseguinte tende a ser mais disperso, menos especializado no ramo da actividade em causa e com menos disponibilidade ou contacto com o órgão de administração.

Um traço distintivo relevante entre o regime de gestão das sociedades anglo-saxónicas[3] e europeias é o facto de a fiscalização da Administração nas primeiras ser tendencialmente *externo* – controlo pelo mercado de capitais – ao passo que nas segundas o controlo é, também, *interno*: antes de passar, naturalmente, pela Assembleia Geral, passa pela fiscalização interna a cargo de um órgão de fiscalização, e, mais intensamente, pelo Conselho de Vigilância – no sistema dualista – ou pelos demais membros do próprio Conselho de Administração – no sistema monista. Com a delegação de poderes, passa a haver uma clarificação dos papéis de cada administrador. O Conselho de Administração vigia os administradores delegados, conforme se verá adiante em maior detalhe. É esta a relevância da delegação de poderes.

### 1.1. *A fiscalização interna da administração*

Existe uma vasta panóplia de diferentes sistemas de fiscalização interna da administração da sociedade de capitais. Veremos apenas algumas das modalidades mais representativas. Em todas elas o colectivo de sócios tem, a final, um papel decisivo, *maxime* pela determinação da composição do órgão de administração.

[3] Neste grupo já não se incluem as sociedades do Reino Unido que integra a Comunidade Europeia.

A maior dificuldade consiste em encontrar o justo ponto de equilíbrio entre o controlo eficaz, completo, detalhado e com rapidez de resposta, por um lado e a agilização da administração, sem que seja manietada por excesso de formalidades, por outro. O controlo por parte do órgão de fiscalização, geralmente, não se revela suficiente, por ser demasiado pontual e não acompanhar de perto a gestão. Geralmente, este resume-se à contabilidade, um controlo essencial, mas muito incompleto. Mesmo a fiscalização apenas da legalidade da actuação da sociedade é demasiado limitada. Entre nós, por exemplo, só é obrigatória a reunião trimestral do Conselho Fiscal e o seu principal e, por vezes, único acto limita-se à verificação anual das contas. Não é esta a fiscalização interna que garantirá eficazmente a melhor gestão. Acresce que a proveitosa prestação de serviços de consultadoria paralelos por parte dos fiscais à (administração da) sociedade – contratados pelo vigiado – diminuirá a imparcialidade desejada de um Conselho Fiscal.

### 1.1.1. *Modelo monista latino*

Na tradição latina, existe apenas um órgão de administração. Este, tal como o órgão de fiscalização, é nomeado e destituído directamente pela Assembleia Geral – aspecto fundamental para garantir uma paridade de legitimidade.

A principal fiscalização interna da administração da sociedade acaba por ser a dos próprios membros do Conselho de Administração pela vigilância da actuação dos seus pares. Com efeito, é imperativamente imposto o funcionamento colegial ao Conselho e cada administrador tem individualmente o dever de assegurar a boa gestão da sociedade, dentro dos limites dos seus poderes, e o dever de convocar o Conselho de Administração sempre que entenda que deva ser tomada uma posição [4]. Aqui reside a principal utilidade e função da responsabilidade *solidária* dos administradores. Mais que uma norma de aplicação judicial, serve pelo efeito de prevenção e vigilância recíproca que pretende comportar. Assim, no sistema monista tradicional, todos os administradores têm

[4] Sobre o dever de cada administrador vigiar, cfr. nomeadamente, RAÚL VENTURA, *Estudos vários sobre sociedades anónimas*, Almedina, 1992, p. 536, MARIA ELIZABETE GOMES RAMOS, *Responsabilidade civil dos administradores e directores de sociedades anónimas perante os credores sociais*, Boletim da Faculdade de Direito da Universidade de Coimbra, *Studia Iuridica*, n.° 67, 2002, p. 116, PEDRO MAIA, *Função e funcionamento do Conselho de Administração da Sociedade Anónima*, Boletim da Faculdade de Direito da Universidade de Coimbra, *Studia Iuridica*, n.° 67, 2002, p. 265, FRANCO BONELLI, *Gli amministratori di SpA dopo la riforma*, Giuffrè, 2004, p. 35 e s.

o dever individual de administrar e de fiscalizar a administração dos demais membros do órgão que integram [5]. As funções de vigilância de cada administrador abrangem a fiscalização da legalidade, entre nós prevista no artigo 412.°, n.° 1, do Código das Sociedades Comerciais, que prevê o poder e dever de requerer ao Conselho ou à Assembleia Geral a declaração de nulidade ou anulação de deliberações do Conselho viciadas.

Uma forma de intensificar o controlo interno da sociedade é proposta pelo novo sistema monista introduzido pela reforma de 2003 em Itália. Este distingue-se do chamado sistema tradicional e do dualista. No novo sistema opta-se por substituir o Conselho Fiscal por uma *comissão para o controlo da gestão* no interior do Conselho de Administração e integrada por administradores não executivos independentes, entre os quais se deve contar pelo menos um revisor oficial de contas. Procura-se, deste modo, suprimir a distância e alheamento do tradicional órgão de fiscalização em relação à gestão [6].

#### 1.1.2. *Modelo dualista*

No sistema dualista alemão, as tarefas de vigilância e administração são rigidamente separadas. A Assembleia Geral nomeia um conselho de vigilância incumbido especialmente da nomeação, fiscalização e destituição dos directores [7]. O *Aufsichtsrat*, tal como o colectivo de sócios, não pode emitir directivas vinculantes sobre a gestão da empresa, que cabe apenas ao *Vorstand* [8]. Determina-

[5] Com efeito, o dever de vigilância, sobretudo na sua primeira dimensão de recolha de informação, é claramente individual. Cfr. MARIA ELIZABETE GOMES RAMOS, *Responsabilidade civil dos administradores e directores de sociedades anónimas perante os credores sociais*, p. 119, embora se reporte ao mesmo dever na sequência de delegação.

[6] Esta vantagem, porém, tem um custo, que é a nomeação deste órgão de fiscalização por parte do próprio órgão de administração. Além de perder a legitimidade que lhe advém da eleição directa por parte da Assembleia, adivinha-se que a fiscalização tenderá a agradar ao fiscalizado que o nomeia, ainda que se preveja requisitos formais de independência. Segundo o artigo 2409-*octiesdecies* do Código Civil italiano o *comitato per il controllo sulla gestione* é composto por administradores não executivos que cumpram os requisitos de independência estabelecidos para os membros do Conselho Fiscal.

[7] O sistema dualista em Portugal obriga até à nomeação, dentro do Conselho Geral, de uma comissão "especialmente encarregada de exercer permanentemente as funções de fiscalização da direcção", nos termos do artigo 444.°, n.° 2, do Código das Sociedades Comerciais.

[8] § 78, n.° 1, do *Aktiengesetz*. Cfr. nomeadamente HERMANN MAIBERG, *Gesellschaftsrecht*, R. Oldenburg, 1986, p. 164.

das matérias podem ser submetidas à obrigação de aprovação prévia do conselho de vigilância, sem que tal autorização, porém, implique uma exclusão do dever de indemnizar a sociedade pelos danos causados [9].

Tal não impede que à fiscalização por parte do conselho de vigilância acresça a fiscalização intra-orgânica [10]. Assim, segundo os §§ 76, 77, n.° 1, e 78, n.° 2, do AktG, o *Vorstand* dirige a empresa "sob a própria responsabilidade", a gestão e representação incumbem a todos os membros. A repartição de tarefas entre os respectivos membros não tem o efeito desresponsabilizador próprio da delegação [11], ao contrário do que se passa na nossa Direcção por força da remissão do artigo 431.°, n.° 3, do Código das Sociedades Comerciais [12]. Prevê ainda o § 91, n.° 2, do AktG o dever específico de organização de um sistema de vigilância pelo órgão de administração de forma a detectar atempadamente qualquer evolução perigosa. Também aqui é imposta a responsabilidade solidária dos membros – § 93, n.° 2, do AktG. Já o funcionamento colegial não é imperativo nos termos do § 77, n.° 1, do AktG, sem que, porém, os estatutos possam permitir que um ou alguns membros possam impor a sua vontade contra a maioria.

Sugere-se com relativa frequência alguma aproximação *de iure condendo* ao sistema de governo das sociedades norte-americanas pela agilização e adaptação às exigências práticas da vida da sociedade que pudesse comportar. Sucede,

[9] Assim dispõe o § 93, n.° 4, do *Aktiengesetz*.

[10] JAN VON HEIN adere por isso à descrição de HOFFMANN-BECKING de um "sistema de controlo de dois patamares", "Vom Vorstandsvorsitzenden zum CEO?", *Zeitschrift für das gesamte Handelsrecht und Wirtschaftsrecht*, vol. 166, 2002, p. 496 e s.

[11] Cfr. por todos, KARSTEN SCHMIDT, *Gesellschaftsrecht*, Carl Heymanns Verlag, 2.ª ed., 1999 (4.ª ed., 2002), p. 677 e 683, RUDOLPH REINHARDT e DIETRICH SCHULZ, *Gesellschaftsrecht*, Mohr, 1981, p. 203 e s. e FRIEDRICH KÜBLER, *Gesellschaftsrecht*, Müller, 1985, p. 191. Um membro do *Vorstand* pode, sim, tal como um procurador ou mandatário ser encarregado de determinado negócio ou categoria de negócios. Sobre a *Gesamtvertreterermächtigung* de um membro do *Vorstand*, cfr. SCHWARZ, "Vertretungsregelungen durch den Aufsichtsrat", *Zeitschrift für das gesamte Handelsrecht und Wirtschaftsrecht*, 166, Dezembro 2002, p. 633 e s. Já dentro do *Aufsichtsrat* a delegação é admissível, com limites. Cfr., embora sobre o aspecto muito específico da competência para a declaração de conformidade ao código de *Corporate Governance*, HANS-CHRISTOPH IHRIG e JENS WAGNER, "Corporate Governance: Kodex-Erklärung und ihre unterjährige Korrektur", *Betriebsberater*, ano 57, 49, 2002, p. 2514.

[12] Apesar de a intenção do legislador português ter sido apenas de manter a possibilidade de incumbir alguns administradores da prática de "certos actos ou categorias de actos", com um âmbito substancialmente diferente da delegação da gestão corrente. Cfr. RAÚL VENTURA e LUÍS BRITO CORREIA, "Responsabilidade dos administradores", *Boletim do Ministério da Justiça*, n.° 192, 1970, p. 37.

porém, que a participação dos representantes dos trabalhadores no *Vorstand* é reconhecido como um obstáculo a tal agilização, mas cuja abolição ninguém defende.

### 1.1.3. *Sociedades norte-americanas*

Seguindo a tradição liberal inglesa, nos EUA as sociedades têm ainda uma considerável margem de liberdade de configuração interna, com diferenças entre cada um dos Estados Federados, pelo que se torna difícil uma apreciação compreensiva de um modelo desta parte do mundo.

Segundo o sistema mais representativo, o *Chief Executive Officer* assume a direcção máxima da empresa. O CEO, verdadeiro líder da sociedade, forma a sua equipa como melhor lhe aprouver. A cada *Officer* poderá ser confiado um pelouro, que deverá ser regido de acordo com as instruções do CEO. Entre estes contar-se-ão o *Chief Operations Officer*, responsável pela comercialização, publicidade, produção e pessoal e o *Chief Finance Officer*, responsável pelos dados financeiros, preparação de orçamentos e controlo de receitas e despesas. Os *Officer* respondem directamente perante o CEO, sem que ao *management* seja imposto o funcionamento colegial. O CEO, por sua vez, responde apenas directamente perante os sócios, sem que haja outra instância de controlo mais próxima da administração.

As sociedades de maior dimensão geralmente terão até quatro ou cinco comissões autónomas, *v.g.* o *Executive Commitee*, para aconselhamento do *Management*, o *Audit Commitee* para fiscalização da contabilidade, o *Nomination Commitee* para a contratação de colaboradores, entre outros.

A tendência tem sido, porém, a de mitigar o princípio do líder (*Führerprinzip)* e correspondente falta de controlo interno, em especial do próprio CEO, pelo reconhecimento que ao *Board of Directors* incumbe mais uma *função de monitorização* do que a administração propriamente dita, afidada antes ao CEO e à sua equipa [13]. O *Board of Directors* será dirigido pelo respectivo presidente, a quem compete assegurar o bom funcionamento do *Board* em si e a boa comunicação entre o *Management* e os *Directors*. O *Board* será composto por *Inside* e *Outside Directors*. Os primeiros dedicar-se-ão a tempo inteiro à actividade da

[13] A tendência acentuou-se nitidamente com os escândalos das falências da WorldCom, Enron, entre outras. Neste sentido vem dispor o *Model Business Corporation Act* e códigos de *corporate governance*, com preferência pelo direito não cogente, o chamado *soft law*.

sociedade, possivelmente integrando também o *Management*, ao passo que os segundos estarão menos ligados à vida da sociedade, também em termos remuneratórios, o que contribuirá para uma visão mais objectiva, independente e imparcial da actividade empresarial. O *Board*, assim composto, tem por principais incumbências a vigilância do *Management* e, possivelmente, a aprovação de iniciativas estruturantes.

A aproximação ao sistema dualista alemão é evidente.

### 1.1.4. *A delegação de poderes*

A par dos modelos acima referidos, surge dentro do órgão de administração único a delegação de poderes. Por esta via criam-se dois papéis distintos dentro do mesmo órgão: os que administram e os que vigiam, aproximando o sistema monista ao dualista [14]. Assim se explica que na Alemanha não seja sentida a necessidade de permitir a delegação de poderes dentro do *Vorstand* [15]. Com este principal efeito de vigilância e fiscalização conseguido pela delegação, superam-se as críticas de quem apenas vê na colegialidade pura "tartarugas de passo alinhado" que "não se prejudicam, vivem e deixam viver" [16]. Com efeito, incumbir o mesmo dever a um conjunto alargado de destinatários implica o perigo de os administradores não se sentirem especialmente atingidos pelo dever e de se poderem refugiar num espírito de acção mínima e inércia geral, inconciliável com a iniciativa activa esperada de uma administração de uma empresa competitiva, ou permitindo de facto uma concentração excessiva de poder não vigiado num determinado administrador. O perigo de diluição do dever atinge não apenas a iniciativa de administração, mas também a tarefa de vigilância recíproca. Por via da delegação supera-se tal obstáculo, passa a haver administradores especialmente incumbidos da iniciativa de gestão e outros especialmente incumbidos do respectivo controlo, com uma clara repartição de papéis entre vigiados e vigilantes. Supera-se também a dificuldade sentida nas empresas com um encarregado máximo, nomeadamente o CEO americano, da falta de controlo do topo da pirâmide. Razões pelas quais a delegação – ou coexistência de administradores executivos e não executivos no Conselho – é vivamente recomendada pela generalidade dos códigos de *corporate governance*.

[14] Cfr. António Pereira de Almeida, "Estrutura organizatória das sociedades", *Problemas do Direito das Sociedades*, Almedina, 2002, p. 111.

[15] Sem prejuízo da referida repartição de tarefas sem efeito desresponsabilizador acima referido.

[16] Semler, *Festschrift für Döllerer*, 1988, p. 577 e s.

É também superada a rigidez criticada no sistema dualista alemão. A delegação pode ser rapidamente alterada por mera vontade do Conselho de Administração com a agilidade requerida pela actividade comercial, sem que pela desformalização fique prejudicado o efeito de fiscalização interna. Razão pela qual se fala de um "sistema dualista ocultado" [17]. Mais que um sistema dualista ocultado, estar-se-á perante um sistema dualista aperfeiçoado [18], para o qual tende a convergir, inclusive, o sistema de governo norte-americano [19]. Assim se explica que em Portugal o sistema dualista tradicional tem tão pouco acolhimento prático, mesmo entre as estruturas empresariais mais complexas. A respectiva aplicação prática é que poderá não ser a melhor. Com demasiada frequência se encontra administradores não executivos que, em vez de vigiar, o são apenas para efeitos de registo comercial, apesar de sobre tal inactividade pender o risco da responsabilização solidária. A eficiência de qualquer dos sistemas, de resto, depende fortemente da personalidade, empenhamento e carisma dos titulares dos órgãos [20]. Ainda assim, as falhas da prática não impedem a conclusão que pela delegação de poderes se consegue o sistema de administração mais perfeito, o meio termo que tanto na Alemanha como nos EUA se procura, em que o órgão de fiscalização não está demasiado alheado da administração, por integrar administradores executivos, nem se perde de vista a função de vigilância, por integrar administradores não executivos que a têm por principal função. É comum aconselhar-se que entre os administradores não executivos haja administradores independentes. Independente será considerado aquele administrador que não tenha ligações económicas ou pessoais relevantes à sociedade,

[17] Assim o parecer da Ordem dos Advogados alemã de Novembro 2003 a propósito da proposta de transposição do Regulamento n.° 2157/2001 do Conselho de 08.10.2001 sobre o estatuto da Sociedade Europeia (SE-Ausführungsgesetz – SEAG), Stellungnahme Nr. 65 /03, p. 19. Disponível em www.anwaltverein.de, sob a rúbrica *Presse Service*.

[18] Embora segundo CHRISTOPH TEICHMANN seja essencial, para que um sistema mereça a classificação de dualista, a existência de núcleos de competência própria dos dois órgãos. Todas as competências do órgão delegado, porém, estão incluídas nas do Conselho de Administração. "Gestaltungsfreiheit im monistischen Leitungssystem der Europäischen Aktiengesellschaft", *Betriebsberater*, ano 59, 2, 2004, p. 58.

[19] Cfr. nomeadamente, PETER WIESNER, "Neue Brüsseler Impulse für Corporate Governance und Gesellschaftsrecht – Zum Endbericht der Hochrangigen Expertengruppe (Winter-Gruppe)", *Betriebsberater*, ano 58, 5, 2003, p. 217.

[20] Sobre os obstáculos práticos ao desempenho do *Aufsichtsrat*, cfr. ROTH, *Handels- und Gesellschaftsrecht*, p. 228.

aos administradores executivos ou ao accionista que controla a sociedade[21]. O seu papel será o de assegurar uma maior independência e neutralidade na vigilância da administração.

Com a delegação, também não é sentida a dificuldade que se adivinha no novo sistema monista italiano por o *comitato per il controllo sulla gestione* ser nomeado pelo Conselho de Administração. Ao invés, é antes o Conselho que elege os delegados, pelo que o risco de o vigilante tender a agradar ao vigiado é substancialmente minorado.

Dir-se-á, portanto, com Borgioli, que "o sistema de delegação de poderes se coloca numa posição intermédia entre a unipessoalidade e a colegialidade da gestão, beneficiando das vantagens de uma e outra"[22].

Note-se que em Portugal até recorrem à delegação de poderes de administração outros tipos de pessoas colectivas, *vg.* as associações, para as quais a lei impõe um órgão de administração colegial sem prever a possibilidade de delegação. *De iure condendo* faz todo o sentido passar a admiti-lo.

### 1.2. ***Funcionamento do Conselho de Administração***

Em Portugal é imposto inderrogavelmente o funcionamento colegial ao Conselho de Administração[23].

[21] Uma independência absoluta revela-se, naturalmente, impossível, pois é justo que se seja remunerado pelo trabalho esperado e *dependerá* sempre de uma nomeação, ainda que reservada à minoria vencida na eleição dos demais administradores. Nem na função jurisdicional da arbitragem os árbitros ou árbitros-parte a quem é exigida maior independência, imparcialidade e neutralidade, escapam a um certo grau de dependência. Para efeitos do *Sarbanes-Oxley Act* de 30.07.2002 é considerado independente o administrador que não recebeu, nem por intermédio dos seus familiares, mais de 100.000 USD da sociedade, se durante os antecedente 5 anos não exerceu a função de auditor, e se em três anos não teve vinculo laboral à sociedade ou ao grupo. Já o relatório HIGGS ou o artigo 3.1 do Código de Auto-disciplina das sociedades cotadas italianas de 2002 (Codice PREDA) não prevêem uma quantificação da relação económica. Sobre a independência dos administradores, cfr. nomeadamente GÜNTER CHRISTIAN SCHWARZ e BJÖRN HOLLAND, "Enron, WorldCom ... und die Corporate Governance-Diskussion", *Zeitschrift für Wirtschaftsrecht*, ano 23, 37, 2002, p. 1670.

[22] ALESSANDRO BORGIOLI, "La delega di attribuizioni amministrative", *Rivista delle società*, ano 26, fascículo 1.°-2.°, 1981, p. 22 e s.

[23] Assim o impõe o artigo 410.° n.° 7 do Código das Sociedades Comerciais para a gestão. Já não será assim para a representação activa, que será conjunta, nos termos do artigo 408.° n.° 1 do Código das Sociedades Comerciais nem para a representação passiva, disjunta nos termos do n.° 3 do mesmo preceito.

É raro encontrar no ordenamento regras tão distantes da realidade possível ou até desejável: pense-se no absurdo que seria pretender que toda a administração de uma estrutura complexa que caracteriza a maioria das sociedades se resumisse às deliberações de um colégio alargado, ou, ao invés, que cada reunião, telefonema ou outra ocasião da administração em que deva ser tomada uma decisão tivesse de ser praticado por todo o Conselho de Administração. É certo que a relativa indeterminação do conceito *gestão* e *administração* da sociedade evita aplicações extremas ou absurdas da regra, já que a interpretação do mesmo passará também pela consideração da dimensão do Conselho de Administração e do acto a praticar. Ainda assim, impõe-se explicar a regra da imperatividade da colegialidade [24].

Subjazem à regra da imperatividade do funcionamento colegial, essencialmente, três fundamentos. O primeiro será o contributo que a reunião dos administradores com as respectivas experiências e conhecimentos trará para que seja encontrada a melhor decisão. A segunda será a garantia de unidade, coerência e visão global da actuação da sociedade. O terceiro fundamento já aflorado, será o de exigir a máxima diligência, iniciativa e vigilância recíproca de cada um dos administradores, individualmente considerado, de forma a que nenhum possa invocar que não tinha conhecimento ou que não lhe competia tomar iniciativas [25].

Corolário da individualidade de tais deveres dos administradores é a responsabilidade solidária destes. A solidariedade da responsabilização não pretende conduzir a uma responsabilização objectiva, sem culpa [26], e só incidentalmente servirá como garantia de satisfação do crédito [27] de quem tiver o direito à

[24] Cfr., nomeadamente, PEDRO MAIA, *Função e funcionamento do Conselho de Administração da Sociedade Anónima,* p. 181 e ss.

[25] Este último fundamento justifica tanto a colegialidade quanto a responsabilidade solidária. Ambas partilham o mesmo fundamento pelo que não será de encontrar na colegialidade o fundamento último ou único da responsabilidade solidária. Cfr. PEDRO MAIA, *Função e funcionamento do Conselho de Administração da Sociedade Anónima,* p. 192. As mesmas vantagens da colegialidade levam a que em Itália também se defenda a respectiva imperatividade. Cfr. BONELLI, *Gli amministratori di SpA dopo la riforma,* p. 33 e s.

[26] Cfr., nomeadamente, ELIZABETE RAMOS, "A responsabilidade de membros da administração", p. 77 e s.

[27] Com efeito, trata-se de uma garantia do cumprimento da obrigação, quer no seu sentido lato exposto por BECKER-EBERHARD de aumento da probalidade de satisfação do crédito, quer em sentido próprio, na medida em que passa a haver mais patrimónios responsáveis pela dívida, constituindo, portanto, uma garantia pessoal, à semelhança de uma fiança. EKKEHARD BECKER-EBERHARD, *Forderungsgebundenheit der Sicherungsrechte,* Verlag Ernst und Werner Gieseking, 1993, p. 4.

indemnização. A responsabilização é uma sanção em si – mitigada em caso de direito de regresso – pela falta de cumprimento da vigilância recíproca e de iniciativa para prevenção dos actos danosos. O dever de prevenção será cumprido se o administrador fizer tudo ao seu alcance para evitar danos. O administrador não poderá por si só substituir-se ao Conselho ou ao órgão delegado nas decisões que a estes forem reservadas, mas poderá vigiar atentamente a administração, informar os demais administradores e insistir junto do Presidente ou de outro administrador para convocar o Conselho, que pode reagir, decidindo directamente, emitindo instruções ao delegado ou revogando a delegação. Pontualmente, a lei prevê poderes individuais dos administradores, tal como a iniciativa da apresentação à insolvência, nos termos do disposto no artigo 19.° do novo Código da Insolvência e da Recuperação de Empresas. Em tais casos, cumpre ao administrador simplesmente agir directamente.

A exigência de colegialidade é, assim, justificada, mas mantém-se a impossibilidade prática de gestão efectiva e plenamente colegial. Cria-se, assim, um ponto central de tensão entre a exigência de colegialidade por um lado e a conveniência de repartição de tarefas, por outro.

À partida, a maior vantagem de uma composição alargada do Conselho de Administração seria a divisão de tarefas entre os seus membros. Na medida em que tal não seja possível, a operacionalidade da empresa requereria que fossem poucos os membros do Conselho de Administração. Encontram-se, porém, com uma frequência relativa, Conselhos compostos por quinze ou mais elementos, o que, além de representar um acréscimo de encargos para a sociedade, forma um Conselho que sem uma divisão de tarefas seria inoperacional. A composição alargada do Conselho, contudo, explica-se antes pelo facto de os accionistas minoritários não prescindirem da nomeação de administradores da sua confiança, mais do que pelo acréscimo de contributos, que exercerão funções não executivas.

A delegação é uma das formas possíveis de repartição de tarefas destinada a tornar a administração operativa e, também, a concentrar algum poder no administrador que representa o grupo de controlo da sociedade, evitando os incómodos de um governo de coligação nas matérias delegadas.

### 1.3. *Papel do Presidente do Conselho de Administração*

Embora possa ser recorrente uma acumulação de cargos de Presidente do Conselho de Administração e de Administrador Delegado, os papéis não se confundem. O Presidente é o primeiro entre os seus pares no Conselho, sem ter, porém, poderes especiais de decisão, dado o funcionamento colegial do órgão[28]. O Presidente poderá até nem ter voto de qualidade, se este não lhe for conferido pelos estatutos (artigo 395.°, n.° 3, do Código das Sociedades Comerciais). Compete-lhe, antes, uma função de coordenação dos trabalhos do Conselho, conforme decorre do poder especial de convocar o Conselho autonomamente, nos termos do artigo 410.°, n.° 1[29].

Com efeito, só por via da delegação de poderes poderá um administrador por si só ter poderes de decisão. A dissociação dos cargos de Presidente e administrador delegado não implica, portanto, que a organização seja bicéfala. O Presidente controla, secretaria e representa o Conselho. O administrador delegado dirige autonomamente a gestão corrente ou a matéria que lhe for confiada e é vigiado pelo Conselho.

Os princípios de bom governo das sociedades aconselham a dissociação de papéis, para que a vigilância do órgão delegado seja especialmente personificada num Presidente do órgão vigilante[30]. Entre nós tal dissociação não é muito vulgar, provavelmente pela carga falaciosa do título: delegado é associado a alguma subalternização, ao passo que Presidente inspira poder de liderança, razão pela qual os administradores delegados que sejam simultaneamente presidentes preferem invocar esta última qualidade em vez daquela que, na realidade, é a única que lhe confere poderes de decisão.

[28] A admissibilidade de os estatutos ou o Conselho conferirem o direito de veto é duvidosa. É certo que a colegialidade imperativa obsta a que o presidente possa ter poderes de decisão individuais determinantes – fora do âmbito da delegação. Mesmo na delegação, a decisão é tomada *sem*, e não *contra*, o assentimento dos demais, caso em que o Conselho intervirá. A particularidade do veto é de ser apenas no sentido de evitar decisões, pelo que as razões que fundamentam a colegialidade se apresentam transponíveis. Em sentido diferente, a posição dominante na Alemanha é da admissibilidade do poder de veto. Cfr. VON HEIN, "Vom Vorstandsvorsitzenden zum CEO?", p. 482.

[29] Tal acréscimo de *poder* de convocação implica também um acréscimo do *dever* de convocação.

[30] Veja-se, nomeadamente, o relatório HIGGS de Janeiro 2003 no quinto parágrafo, em especial A.2.1, e ainda PHILIPPE BISSARA, "Corporate Governance, loi NRE et redéfinition de la faute civile des dirigeants: le point de vue du dirigeant d'entreprise", *Revue des Sociétés*, n.° 2, Abril-Junho 2003, p. 211.

## 1.4. *Irrelevância de decisões externas ao Conselho*

### 1.4.1. *Decisões de accionistas*

Na prática verifica-se por vezes que as decisões mais importantes de administração sejam tomadas por accionistas, nomeadamente por acordos parassociais. Tais decisões não vinculam a sociedade nem o Conselho a adoptá-las. Trata-se de decisões externas que se distinguem apenas pela especial *auctoritas* que inspirarão aos administradores por terem sido emanadas por quem os elege e pode reeleger. Caso o Conselho decida adoptá-las, porém, fá-lo-á sempre à sua própria responsabilidade.

Diferente será a decisão tomada pelo chamado *group board* de um grupo de sociedades. Este é constituído por administradores das diversas sociedades do grupo. Se a sociedade estiver devidamente representada neste, por quem tenha poderes de decisão ou representação bastantes, a sociedade ficará vinculada. Caso contrário, só valerão se forem aceites e assumidas autonomamente pelo Conselho.

### 1.4.2. *Contrato de administração*

Quando é contratado um administrador, no contrato de administração celebrado entre a sociedade e o administrador, simultânea ou posteriormente à eleição [31], poderão por vezes encontrar-se previsões específicas também no que respeita à administração da sociedade em si. A sociedade neste acto é representada pelo colectivo de sócios ou pela comissão de vencimentos. A administração, porém, está exclusivamente reservada ao Conselho, pelo que não cabe nem ao administrador individualmente considerado, nem aos accionistas ou, muito menos, à comissão de vencimentos. Por maioria de razão também não caberá ao acordo destes. A eficácia das previsões do contrato individual de gestão para a administração da sociedade, terá, portanto, um alcance limitado. Valerão enquanto compromisso pessoal do administrador perante os accionistas quanto ao teor das suas decisões futuras no exercício do cargo, dentro dos limites dos seus poderes de mero administrador inserido num Conselho de Administração.

[31] Só excepcionalmente um administrador será eleito sem que antes tenha havido um contacto anterior e possivelmente a conclusão de um contrato-promessa de administração, segundo o qual o accionista em causa se obriga a fazer o possível por ver os termos aí acordados transpostos para o contrato, que depende da efectiva eleição.

O mesmo valerá para uma delegação prevista já no contrato de administração. Só a delegação aprovada em Conselho pode atribuir poderes ao administrador. É certo que a remuneração do administrador, a decidir no contrato de gestão, dependerá das funções efectivamente exercidas, mesmo que o artigo 399.°, n.° 1, do Código das Sociedades Comerciais o não previsse expressamente. Tal não impede, porém, que a delegação constitua um simples facto alheio à vontade das partes, em sede de celebração de contrato de administração.

## 2. **Modalidades**

### 2.1. ***Delegação de poderes de gestão***

A transferência de poderes de decisão em matéria de gestão pode ocorrer por via do *encargo especial*, ou pela *delegação da gestão corrente*, que obedecem a regimes diferentes. A par destas modalidades de distribuição de tarefas, coloca-se outra hipótese diferente, a de um administrador ser constituído *mandatário* da sociedade.

#### 2.1.1. *Encargo especial*

O encargo especial de um ou mais administradores nos termos previstos pelo artigo 407.°, n.°s 1 e 2 do Código das Sociedades Comerciais é também chamado de delegação imprópria. Trata-se de uma modalidade de distribuição de tarefas com diferenças importantes em relação à delegação em sentido próprio. As duas figuras têm em comum que o administrador em causa passa a ter poderes individuais de decisão na matéria de administração em causa. As diferenças verificam-se tanto em sede de requisitos e limites como de efeitos.

Assim, o encargo especial não está limitado à "gestão corrente"[32], ao contrário da delegação, mas é mais alargado o núcleo de competências não delegáveis, o que se justifica com a diferença de efeitos. Além disso, não se exige autorização estatutária[33]. Em contrapartida, perde-se também o principal efeito de *alívio de responsabilidades dos demais membros* do Conselho de Administração. Apesar de encarregarem certo administrador com uma matéria, mantêm-se

[32] Sobre o conceito de gestão corrente, cfr. *infra*.

[33] Na improvável hipótese de os estatutos o proibirem, tal será legalmente admissível, mas com meros efeitos internos não oponíveis a terceiros, nos termos do artigo 6.° n.° 4 CSC.

inteiramente responsáveis pela actuação deste, em vez de ficarem incumbidos apenas da vigilância geral, como sucede na delegação em sentido próprio. Os administradores conservam, também, todo o poder de administrar[34].

### 2.1.2. *Delegação de gestão corrente*

Ao abrigo do artigo 407.°, n.os 3 a 5, do Código das Sociedades Comerciais pode a gestão corrente ser delegada num ou vários administradores, disjunta ou conjuntamente ou numa comissão executiva.

Também aqui o administrador ou a comissão passam a ter poderes autónomos de decisão na matéria de administração em causa.

O principal efeito é, sublinhe-se, a *desresponsabilização relativa dos demais administradores*. O Conselho mantém o poder de administrar, mas já não um dever com a mesma intensidade. Os administradores não executivos, em contrapartida, vêem intensificada a especial incumbência de vigilância e respondem pelo respectivo incumprimento. O alívio do dever de administrar e da responsabilidade pela gestão efectiva justifica a exigência de autorização estatutária, que não é exigida no encargo especial, conforme já referido.

### 2.1.3. *Procuração a favor de administrador*

Na medida em que o Conselho de Administração pode constituir um terceiro mandatário, também pode fazê-lo em relação a administrador, desde que pela amplitude de poderes não sejam defraudadas as regras de delegação.

O artigo 391.°, n.° 7, do Código das Sociedades Comerciais, prevê que o mandato ou a procuração tenha por objecto "determinados actos ou categorias de actos" ao passo que a delegação incide, mais genericamente, sobre "certas matérias" ou "gestão corrente". Os poderes de decisão conferidos por via do mandato serão, pois, substancialmente mais limitados[35]. O mandatário, ao contrário do delegado, não poderá ter um papel tão activo de tomar iniciativas de

[34] Cfr. Luís Brito Correia, *Os administradores de sociedades anónimas*, Almedina, 1993, p. 280.

[35] Cfr. Manuel Nogueira Serens, "Notas sobre a sociedade anónima", *Revista de Direito e Economia*, anos XVI a XIX, 1993, p. 69, e também no Boletim da Faculdade de Direito da Universidade de Coimbra, *Studia Iuridica*, n.° 14, 1997, e Alexandre Soveral Martins, "A responsabilidade dos membros do Conselho de Administração por actos ou omissões dos administradores delegados ou dos membros da comissão executiva", *Boletim da Faculdade de Direito da Universidade de Coimbra*, vol. LXXVIII, 2002, p. 371 e s.

gestão, mas deverá antes, (quase) como qualquer mandatário, ater-se às instruções recebidas e limitar as decisões às que sejam necessárias para o bom cumprimento da tarefa objecto do mandato.

Em relação ao procurador da sociedade que não seja administrador, aplicar-se-ão as regras próprias do mandato. No que respeita a responsabilidade da sociedade, esta reger-se-á pelas regras estabelecidas pelos artigos 500.° e 800.° do Código Civil.

Questão diferente será a de saber se além da sociedade, também o Conselho de Administração ou os respectivos membros respondem pelos actos do procurador que agiu em vez do Conselho. Ou seja, se os artigos 500.° e 800.° se aplicam também em relação ao *órgão* e *aos titulares do órgão* que se socorre dos terceiros para cumprimento do dever de administrar, mesmo para além dos casos extremos de culpa *in eligendum*. Com efeito, tratar-se-ia do único expediente eficaz para descartar por completo a responsabilidade dos membros do Conselho de Administração. A resposta deve passar pela amplitude dos poderes conferidos: se forem conferidos poderes excessivos, os membros do Conselho serão responsáveis como se fosse o próprio a praticar actos, sem prejuízo de um eventual direito de regresso [36]. Apresenta-se como a sanção mais adequada para a violação do dever de administrar pessoalmente, ao que acresce que a solução é coerente com o regime previsto para a delegação imprópria. Ao invés, se se tratar de um mandato ou procuração para a prática de actos suficientemente delimitados e bem precisados, não será de responsabilizar os administradores ou o Conselho pelo risco de excesso cometido pelo terceiro. O benefício obtido pelo risco é da sociedade, é apenas esta que deve responder. A diferença decisiva é que no primeiro caso o Conselho se furta ao dever de administrar, ao passo que no segundo, o dever de administrar é cumprido. Acresce que uma excessiva responsabilização dos administradores comportaria uma indesejável rejeição dos mais conscienciosos ao cargo.

Pela especificidade de o procurador ou mandatário ser administrador em vez de um terceiro, não há razões suficientes que conduzam à inferência de um regime diferente [37]. No fundo, a procuração a favor de administrador aproxima-

[36] O procurador que recebeu poderes demasiado vastos, aliás, responde ele próprio solidariamente com a sociedade e os membros do Conselho ao abrigo do disposto no artigo 80.° do Código das Sociedades Comerciais.

[37] Naturalmente, no caso concreto será tida em conta a particularidade de o mandatário não ser um terceiro estranho à sociedade, mas um administrador, nomeadamente na verificação dos pressupostos da responsabilidade civil, *maxime* da culpa.

-se da figura do encargo especial previsto nos n.os 1 e 2 do artigo 407.° do Código das Sociedades Comerciais.

No regime exposto cumpre ainda ter presente a importante limitação da responsabilidade dos administradores quando se trate de credores sociais, prevista no artigo 78.° do Código das Sociedades Comerciais: ao credor exige-se que prove, pela violação culposa de disposições normativas, que o património social se tornou insuficiente.

## 2.2. *Delegação de poderes de representação*

Os poderes de gestão nem sempre são dissociáveis dos poderes de representação. Basta pensar na vinculação que ocorre pela adopção de condutas, tal como nos casos de deveres acessórios pré-contratuais, independentemente da crise da teoria das relações contratuais de facto de Günther Haupt. Ainda assim, a distinção entre gestão e representação é possível[38]. Os estatutos podem acrescentar poderes de representação ao acto de delegação imprópria e de delegação de gestão corrente do Conselho, nos termos previstos pelo artigo 408.°, n.° 2, do Código das Sociedades Comerciais. É certo que este preceito circunscreve o poder representativo do administrador delegado aos limites da delegação[39], mas na medida em que, por força do n.° 1 do mesmo artigo o administrador já tem poderes de representação, o alcance da limitação fica severamente prejudicado. De facto, faria mais sentido a regra geral inversa, no silêncio dos estatutos. A opção do legislador justificar-se-á, possivelmente, pelo intuito de incentivar a participação do Conselho à actividade dos delegados. O Conselho, porém, limita-se a decidir a delegação de poderes decisórios; os estatutos é que conferem automaticamente ao delegado poderes de representação. Normalmente o poder de representação costuma ser conferido aos delegados.

O exposto reporta-se apenas à representação activa, já que a passiva é sempre imperativamente atribuída a cada administrador, nos termos previstos pelo n.° 3 do artigo 408.° do Código das Sociedades Comerciais.

[38] Cfr. por todos, JOÃO ESPÍRITO SANTO, *Sociedades por quotas e anónimas – vinculação: objecto social e representação plural*, Almedina, 2000, p. 426 e ss.

[39] Cfr. ESPÍRITO SANTO, *Sociedades por quotas e anónimas – vinculação: objecto social e representação plural*, p. 492.

### 2.3. *Coexistência de órgãos delegados*

A gestão corrente pode ser confiada a um administrador delegado *ou* a uma comissão executiva. Soveral Martins entende que a coexistência simultânea dos dois órgãos delegados não é admissível, fundamentando essencialmente com a interpretação do vocábulo "ou" [40]. A conjunção, porém, não tem apenas o significado disjuntivo [41], razão pela qual o argumento literal é especialmente insuficiente. A competência concorrente de órgãos não é de todo vedada pelo Direito, pelo que será admissível até a delegação das mesmas competências em dois, ou mais, órgãos delegados, com competências concorrentes. Com efeito, é expressamente prevista a possibilidade de coexistência de vários administradores delegados.

Pelas mesmas razões será de admitir a constituição de vários órgãos delegados dentro do Conselho de Administração, quer se trate de comissões executivas ou administradores delegados, com funções idênticas ou diferentes, dentro do limite legal da gestão corrente. Certo é que a atribuição das *mesmas competências* a vários órgãos vem frustar a utilidade da incumbência especial conseguida pela delegação. Dependendo da matéria delegada, a utilidade que se poderia encontrar na concorrência poderá ser tirada do normal dever de fiscalização, sem o inconveniente da dualidade ou incoerência de actuação.

Caso seja constituído um administrador delegado e uma comissão executiva, só o acto de delegação poderá determinar a submissão de um à direcção do outro. Nada leva a crer que, no silêncio da delegação, um seja superior ao outro por ser colegial, ou vice-versa, pelo que serão órgãos paralelos. Para evitar eventuais dúvidas, sempre será aconselhável que o acto de delegação ou os estatutos esclareçam o relacionamento que se idealiza entre os dois novos órgãos [42].

[40] SOVERAL MARTINS, *Os administradores delegados das sociedades anónimas*, Fora do Texto, 1998, p. 23. Em Itália, contra a coexistência de dois ou mais órgãos delegados, cfr. ORESTE CAGNASSO, *Gli organi delegati nella società per azioni*, 1976, p. 72 e ss., FANELLI, *La delega di potere amministrativo nelle società per azioni*, Giuffrè, 1952, p. 8, BONELLI, *Gli amministratori di SpA dopo la riforma*, p. 45. Em sentido contrário, ANGELO PESCE, *Amministrazione e delega di potere amministrativo nelle società per azioni*, Giuffrè, 1969, p. 185.

[41] Conforme sabido, a conjunção "ou" pode servir também como coordenada explicativa, frequentemente empregue com esse sentido na legística para evitar que surja a dúvida da cumulação obrigatória.

[42] Sobre a admissibilidade de os accionistas determinarem o funcionamento do órgão de administração, *vd.* PEREIRA DE ALMEIDA, "Estrutura organizatória das sociedades", p. 404. O Autor refere-se ao Conselho de Administração, com exclusão expressa do administrador delegado (p. 401), mas as conclusões são transponíveis para este nível.

## 2.4. *Funcionamento do órgão delegado*

Um administrador delegado único decide sozinho, não levanta questões de funcionamento do órgão delegado, ao contrário da delegação em vários administradores ou numa comissão executiva.

### 2.4.1. *Vários administradores delegados*

Sendo a delegação feita em vários administradores, poderá o acto de delegação ou os estatutos determinar se estes podem agir conjuntamente [43], disjuntamente ou segundo regras de funcionamento apositamente definidas. A opção da colegialidade estará reservada para a comissão executiva [44], sem que haja diferenças de relevo, além desta. Cada administrador delegado apenas poderá receber a incumbência de *toda* a gestão corrente, a repartição em pelouros não parece ser admissível com o efeito desresponsabilizador, conforme se verá adiante, depois de analisado o conceito de gestão corrente [45]. Os órgãos delegados terão, portanto, competência concorrente entre si, que partilham também com o Conselho de Administração. Ainda que repartam entre si as tarefas, tal não os relega para um mero dever de vigilância geral. A determinação de regras de procedimento por parte do Conselho ou dos estatutos não eximirá os administradores delegados do seu dever pleno de administrar, mas na medida em que aparentemente o façam, justificarão uma co-responsabilização do autor das regras.

### 2.4.2. *Comissão executiva*

Em princípio, a comissão funcionará em termos colegiais. A questão que se coloca é a de saber qual a margem de liberdade de determinação do funciona-

[43] Em Itália é defendido que o poder só pode ser conferido conjuntamente caso se trate de competências distintas entre administradores. A delegação em vários administradores da mesma matéria seguirá imperativamente o funcionamento colegial próprio da comissão executiva. Cfr. ARIBERTO MIGNOLI e RAFFAELE NOBILI, "Amministratori di società", *Enciclopedia del Diritto*, vol. II, Giuffrè, 1958, p. 141. Em sentido discordante, CAGNASSO, "L'amministrazione collegiale e la delega", *Trattato delle società per azioni*, G.E. Colombo e G.B. Portale (ed.), Utet, 1991, p. 306.
[44] Cfr. ANTÓNIO PEREIRA DE ALMEIDA, *Sociedades Comerciais*, Coimbra Editora, 1997, p. 249.
[45] Cfr. *infra* ponto 3.2.1.

mento que pode ser decidido pelos estatutos, pelo acto de delegação ou pela própria comissão. A hipótese de ausência de determinação até pela comissão só se colocaria na improvável hipótese de inacção total, pois de outro modo a determinação ocorreria tacitamente, nos termos do artigo 217.°, n.° 1, do Código Civil, pelo funcionamento efectivamente verificado. Razão pela qual o problema da integração de lacuna não se coloca, mas apenas o de saber se existe determinação legal cogente para o funcionamento da comissão.

Nas sociedades anónimas, o Conselho de Administração funciona obrigatoriamente em termos colegiais. Não é, porém, esta a regra dos órgãos colectivos nas sociedades anónimas como nas pessoas colectivas em geral.

O artigo 407.°, n.° 3, impõe que a comissão executiva seja formada por um número ímpar de administradores, à semelhança do previsto no artigo 424.° para a Direcção, no artigo 434.° para o Conselho Geral e no artigo 413.°, n.° 3, para o Conselho Fiscal.

A lei, porém, não impõe expressamente a colegialidade, pelo que a imperatividade da colegialidade sempre teria de ser inferida por via analógica. Mais uma vez deparamos com a tensão entre a controlabilidade das decisões e a agilização da gestão. Apesar de as razões acima aduzidas sobre a regra da colegialidade no Conselho de Administração serem válidas para a comissão que se vai encarregar da maior parte das suas competências, não parece que o funcionamento colegial seja obrigatório para a comissão, pois à partida pretende-se com a delegação aliviar a função gestória do peso das formalidades[46]. Do mesmo modo, também não é exigida a transcrição das actas das reuniões da comissão num livro próprio, ao contrário do imposto em Itália pelo artigo 2421, n.° 6, do Código Civil. Acresce que, se pode ser constituído um administrador delegado único ou vários, que não estão obrigados à colegialidade, também a comissão não deve ser considerada obrigada à colegialidade. Por último, o artigo 407.°, n.° 4, do Código das Sociedades Comerciais prevê que o Conselho estabeleça o modo de funcionamento da comissão. Temos, por conseguinte, que a colegialidade será fortemente aconselhável na comissão executiva, mas não imperativa.

A comissão poderá nomear um presidente a quem incumbem as tarefas análogas às do Presidente do Conselho de Administração.

A sub-delegação de poderes dentro da comissão só será admissível desde que autorizada tanto pelos estatutos como pelo acto de delegação do Conselho.

[46] Em sentido diferente para um semelhante contexto em Itália, ANGELO PESCE, "Collegialità e forma delle deliberazioni del comitato esecutivo delle società per azioni", *Rivista delle società*, ano 12, fascículo 5.°, 1967, p. 1056.

## 3. Requisitos e limites da delegação

### 3.1. *Qualidade de administrador*

O primeiro requisito da delegação é que esta seja feita num administrador. A delegação feita num terceiro será inválida enquanto tal, devendo ser reduzida, nos termos do disposto no artigo 292.° do Código Civil a um mandato. Naturalmente, a amplitude de poderes decisórios do terceiro não deve pôr em causa a eleição dos administradores por parte da Assembleia Geral.

### 3.2. *Matérias delegáveis*

#### 3.2.1. *Conceito de administração e gestão corrente*

Os conceitos de *administração, gestão e direcção* tendem a escapar a contornos determináveis com precisão rigorosa[47]. Não é por acaso que os legisladores dos diversos ordenamentos se furtam a uma definição ou a uma descrição de actos abrangidos. Sabe-se que abrange poderes decisórios relacionados com patrimónios e pouco mais[48]. Avançar com a noção prevista no artigo 397.°, n.° 5, Código das Sociedades Comerciais, de "actos compreendidos no próprio comércio da sociedade", revela-se infrutífero. No Direito privado como no público, a administração implica uma *iniciativa activa* que não se compadece com uma enumeração ou descrição exaustiva das acções abrangidas[49]. O intérprete-aplicador deve por isso ter presente que se trata de um *Zweckbegriff*, de

[47] Os termos administração, gestão e direcção terão, tendencialmente, o mesmo significado, como aponta Menezes Cordeiro, *Manual de Direito das Sociedades*, vol. I, Almedina, 2004, p. 725. O sentido preciso do termo depende da finalidade e efeitos da norma em causa. Em matéria societária, os termos são quase sempre empregues como sinónimos, embora se possa considerar que a administração tem um alcance mais vasto que a gestão. Cfr. *Colectânea de Jurisprudência*, 2003, III, p. 24. Na Alemanha propõe-se a distinção entre *Leitung* e *Führung*. Cfr., por todos, Hartwig Henze, "Leitungsverantwortung des Vorstands – Überwachungspflicht des Aufsichtsrats", *Betriebsberater*, ano 55, 5, 2000, p. 209 e ss.

[48] Sobre a noção de administração no Direito português de sociedades, cfr. Menezes Cordeiro, *Manual de Direito das Sociedades*, vol. I, p. 723 e ss.

[49] A corrente norte-americana dos *generic theorists*, encabeçada por Herbert Simon reconduz a administração pública e privada a uma matriz comum.

um conceito orientado a determinado escopo [50], que, consoante o contexto e finalidade em causa, poderá ter contornos diferentes. No que respeita as sociedades comerciais, pode dizer-se que a administração da empresa, no seu sentido mais amplo, compete a todos os envolvidos: A Assembleia Geral, ao aprovar os estatutos, aprovar as contas ou nomear os titulares do órgão de administração, está a *administrar* a sociedade, tal como o caixeiro que deposita o produto da venda diária junto de instituição de crédito. Não é esse sentido lato que serve para descortinar a competência de administração que, nos termos do disposto nos artigos 405.° e 373.°, n.° 2, do Código das Sociedades Comerciais os compete exclusivamente ao Conselho de Administração.

Por conseguinte, também a administração enquanto *competência* do Conselho tem um âmbito bem mais vasto que enquanto gestão *não delegável.*

Antes de mais, cumpre sublinhar que a administração no sentido ora analisado, restringe-se ao poder de *decisão*, o que não abrange a *preparação* da decisão – incluindo a busca de oportunidades e concepção de projectos, que será sem dúvida a parte mais criativa e exigente da tarefa confiada ao Conselho de Administração – nem a respectiva *execução*, na medida em que forem dissociáveis. Tanto a preparação como a execução pode ser confiada a um terceiro sem que assim seja comprometida a escolha dos sócios na nomeação de administrador.

Há que ter presente os efeitos da norma em que o conceito se integra para a respectiva interpretação. A delegação de matéria indelegável comportará a invalidade do acto de delegação e, possivelmente, dos actos praticados, consoante haja direitos de terceiro e aparência tutelável. A questão coloca-se portanto com maior relevância em sede de efeitos internos que em sede de efeitos externos, à semelhança da esmagadora maioria das normas de organização da sociedade. A responsabilidade será repartida por todos os administradores, delegantes e delegados, ressalvados os casos em que a Assembleia Geral tenha contribuído com uma previsão nos estatutos de uma delegação para além do legalmente permitido, casos em que o colectivo de sócios como co-autor do facto carecerá de alguma legitimidade para cobrar responsabilidades também aos administradores.

As matérias delegáveis são delimitadas através do conceito indeterminado de *gestão corrente* prevista no artigo 407.°, n.° 3, do Código das Sociedades Comerciais, do qual a enumeração do artigo 407.°, n.° 4, exclui as matérias consideradas indelegáveis. Entre estas apenas se incluem alguns actos internos,

[50] Cfr. Holger Fleischer, "Zur Leitungsaufgabe des Vorstands im Aktienrecht", *Zeitschrift für Wirtschaftsrecht*, ano 24, 1, 2003, p. 1.

a prestação de garantias pela sociedade, a mudança de sede e os projectos de fusão, cisão e transformação. A delegação que as abranja será anulável, nos termos gerais [51]. Em contrapartida, parecem ser delegáveis as matérias elencadas no artigo 406.° do Código das Sociedades Comerciais para as quais o artigo 407.°, n.° 4 não remete, em especial, a alienação de imóveis, a abertura ou encerramento de estabelecimentos, extensões ou reduções de importantes da actividade social, modificações importantes da organização da empresa, a cooperação duradoura com outras empresas. A gestão considerada corrente é, portanto, vastíssima, abrangendo decisões importantes que, sem esta ausência propositada de referência no n.° 4 do artigo 407.° facilmente poderiam não ser consideradas gestão corrente [52]. Um lugar paralelo útil será o elenco do artigo 161.° do novo Código de Insolvência e da Recuperação de Empresas.

Ainda num contexto de reflexão antes da aprovação do *Aktiengesetz* de 1967, Erich Gutenberg reconhecia que nem todas as decisões do órgão de direcção constituem decisões de *direcção da empresa* e apresentou pistas para as que, embora de facto pudessem ser transferidas, não o devessem: se forem importantes para a subsistência ou futuro da empresa e não devessem ser tomadas isoladas da visão global [53]. Acrescenta Gutenberg o seguinte elenco das decisões que considera de direcção – e deverem ser indelegáveis: determinação da política empresarial a longo prazo; coordenação dos departamentos mais relevantes da empresa; superação de vicissitudes na actividade empresarial em curso; medidas de relevância extraordinária e ocupação de posições chave na empresa.

Como tantas vezes sucede, a aproximação ao conceito indeterminado é feita por recurso a outros conceitos indeterminados. O mesmo se encontra na regra de origem jurisprudencial norte-americana para determinação dos limites de delegabilidade de poderes do *Board* nos *Officers*, segundo a qual "todos os poderes são delegáveis excepto o poder supremo de direcção e controlo". Aspecto que, dentro do espírito de flexibilidade e autonomia societária destes ordenamentos, permite o recurso a amplos *management contracts*, ao abrigo dos quais os *Officers* delegam a gestão a terceiros, nomeadamente a empresas profis-

[51] Em sentido diferente, SOVERAL MARTINS considera a delegação nula, *Os administradores delegados das sociedades anónimas*, p. 24.

[52] Segundo PEDRO MAIA, "a regra é, até, permitir a delegação de poderes", *Função e funcionamento do Conselho de Administração da Sociedade Anónima*, p. 189.

[53] GUTENBERG, *Unternehmensführung, Organisation und Entscheidungen*, 1962, p. 59, *apud* FLEISCHER, "Zur Leitungsaufgabe des Vorstands im Aktienrecht" p. 4.

sionais[54]. A maioria das previsões normativas estrangeiras e de *soft law* recorrem a elencos de conceitos indeterminados que, não obstante a indeterminação, se podem revelar extremamente úteis no contexto nacional[55].

Em Itália, Bonelli, acrescenta ao elenco normativo de matérias não delegáveis previsto no 4.° parágrafo do artigo 2381 do Código Civil italiano ainda o poder de direcção e supremacia hierárquica, bem como poderes de organização interna além dos expressamente enumerados[56]. Esta posição, note-se, surge sem que o legislador italiano, ao contrário do português que nele se inspirou, tenha limitado a delegabilidade das competências próprias do Conselho de Administração à gestão *corrente*. O mesmo Autor debruça-se sobre o conceito de administração *ordinária*, mas a propósito da hipótese de uma tal limitação ser imposta pelos estatutos ou pelo acto de delegação e não de uma limitação legal. Neste contexto, reconhece que, ainda que os estatutos ou o acto de delegação se esforcem por apresentar listas exemplificativas, estas serão úteis, mas o problema da distinção entre administração ordinária e extraordinária manter-se-á sempre. A interpretação deverá ser sempre feita à luz do caso concreto em função da importância, da finalidade e da excepcionalidade do acto por comparação aos que possam ser considerados eventos *normais* de uma empresa com as características e dimensão concretas da empresa em causa. Discorda-se do Autor apenas na medida em que abstrai da empresa em concreto para estabelecer o termo de comparação da normalidade com uma empresa com as mesmas características e dimensão. Na verdade, ainda que aquele tipo de empresa não costume ser confrontado normalmente com determinada categoria de situações, o facto de aquela empresa específica habitualmente lidar com essa situação é quanto deve bastar para o acto ser considerado de gestão ordinária, desde que a linha de actuação do delegado não se afaste, injustificadamente, demasiado da linha de actuação habitual da sociedade. Com efeito, a *normalidade* diz respeito não apenas à frequência temporal dos actos e à dimensão ou relevância do acto, mas também ao sentido da decisão. Quanto à relevância ou dimensão do acto, estas aferem-se não apenas em função dos montantes em causa ou da duração da vinculação, mas também do grau de risco em causa.

[54] Cfr. Paolo Montalenti, "I management contracts", *I contratti del commercio, dell'industria e del mercato finanziario*, Francesco Galgano (ed.), Utet, 1999, p. 16 e ss.

[55] Um exemplo de elenco de "funções-chave" é dado pelo artigo V dos *Principles of corporate governance* da OCDE.

[56] Bonelli, *Gli amministratori di SpA dopo la riforma delle società*, p. 13 e 44 e s.

Da conjugação destes três critérios inferir-se-á se o acto é ordinário ou não, permitindo, contudo, que a especial intensidade de um elemento possa ser contrabalançada pela ausência de outro, como sistema móvel de requisitos[57].

Em caso de dúvida justificada, poderá servir ainda de auxiliar a consideração de que, face às circunstâncias concretas do caso, a submissão da decisão ao Conselho dificulta excessivamente a actuação da sociedade em tempo útil ou vem sobrecarregar desproporcionadamente a agenda do Conselho com questões que exigem um exame detalhado que congestionaria as reuniões do Conselho sem uma vantagem à altura. Se assim for, poderá o delegado agir ou colocar sumariamente a questão ao Conselho de Administração para receber poderes de decisão individual. O Conselho de Administração não se pronunciará acerca do alcance da delegação da gestão corrente, por a limitação ser legal, mas conferirá poderes para que o acto em causa seja praticado. A atitude mais prudente para o Delegado, contudo, para evitar uma responsabilização pessoal, será sempre a de submeter a decisão do acto em si, já preparada, ao Conselho.

Além da aproximação ao conceito de *administração delegável* a partir do seu núcleo indelegável pela importância das matérias, importa ainda fazer a aproximação partindo da periferia, dos actos menos importantes que qualquer trabalhador, agente ou terceiro possa realizar sem violar a reserva de administração do Conselho. Se alguém pode praticar o acto sem ser administrador sequer, também um administrador poderá praticá-lo sem que sejam aplicáveis as regras da delegação. O exercício será simétrico ao anterior.

Em relação ao acto que seja praticado por quem não seja administrador, o principal efeito em causa já não será apenas a responsabilização de quem excedeu, manifestamente, os poderes que lhe foram efectivamente conferidos, mas também a possível invalidade do acto, pois quem contrata com um terceiro terá um dever de se certificar dos poderes do parceiro, na falta de elementos fortes que indiciem a aparência de poderes. No caso de se tratar de um administrador, a validade do acto não será questionada, pois o cargo exercido poderá bastar para uma aparência de poderes, salvo em casos de decisões de importância extrema, como os elencados no artigo 406.° do Código das Sociedades Comerciais.

Os actos normais do dia-a-dia não dependem de deliberação do Conselho, desde que se enquadrem na linha de actuação habitual da sociedade.

[57] Sobre o alinhamento de requisitos em sistema móvel, cfr. CLAUS-WILHELM CANARIS, *Pensamento sistemático e conceito de sistema na ciência do Direito*, trad. A. Menezes Cordeiro, Gulbenkian, 1996, p. 130 e ss.

### 3.2.2. *Atribuição de pelouros*

Se pode ser delegada a gestão corrente neste sentido vasto apurado, também poderia considerar-se, *a fortiori*, poder ser delegada apenas uma parte desta com o mesmo regime. Não terá sido essa a vontade do legislador, pois submete a delegação de "certas matérias" de administração a um regime diferente da delegação da "gestão corrente". Conforme se viu, o núcleo indelegável do artigo 407.°, n.° 2, do Código das Sociedades Comerciais, é mais vasto que o elencado no n.° 4 do mesmo artigo, pelo que as "certas matérias" constituirão já a parte da "gestão corrente" que se pretenderia encaixar enunciativamente no regime da delegação em sentido próprio. Para além deste argumento literal e sistemático, surge o da conveniência de uma visão global da administração dos assuntos da sociedade, pelo que, na delegação de "certas matérias", os restantes administradores não poderiam refugiar-se numa mera vigilância geral e a "gestão corrente" deve ser delegada em bloco.

Por conseguinte, a atribuição de pelouros deverá reger-se pelo regime da delegação imprópria.

### 3.3. ***Autorização estatutária***

O Código das Sociedades Comerciais só exige a autorização estatutária para delegação em sentido próprio, prevista no artigo 407.°, n.°s 3 a 5. A falta de autorização estatutária determinará a anulabilidade da delegação, o que terá poucos efeitos práticos. Na verdade, a validade dos actos praticados depende apenas da presença de direitos de terceiro e de uma aparência tutelável, sendo que o ónus da prova do conhecimento da invalidade da delegação está a cargo da sociedade. Apenas o efeito interno de desresponsabilização relativa dos administradores não executivos sairá prejudicado com a invalidade da delegação.

Fora desses casos, a validade dos actos praticados depende de ratificação por parte do Conselho de Administração.

Pesce entende que se trata de uma licença em sentido próprio, ou seja, que não existe um direito do Conselho de Administração a delegar apenas sujeito à condição da autorização para o respectivo exercício [58], ao contrário do que defende Fanelli [59]. A tal qualificação não obsta o facto de se tratar de dois entes desprovidos de personalidade.

[58] PESCE, *Amministrazione e delega di potere amministrativo nelle società per azioni*, p. 70.

[59] FANELLI, *La delega di potere*, p. 72.

### 3.4. *Deliberação do Conselho de Administração*

À deliberação de delegação parece ser imposto algum grau de determinação na medida em que a lei impõe a "fixação de limites" ou a determinação de "certa matéria". Conforme foi visto, estes poderão ser bem mais vastos que o "certo acto ou certa categoria de actos" confiadas ao procurador.

Não parece que seja transponível a posição adoptada a propósito da delegação de Direito Administrativo segundo a qual o delegante não pode esvaziar completamente a autonomia de decisão do delegado. Isto no que respeita o excesso de concretização. Em todo o caso, a responsabilidade será naturalmente assumida pelo autor da decisão.

No que concerne o défice de concretização, é de notar que a maioria dos códigos de *corporate governance* desaconselham a excessiva concentração de poderes, nomeadamente num administrador delegado único. A verdade é que, na delegação imprópria, a falta de efeitos relevantes, *maxime* a desresponsabilização, leva a concluir que, pelo menos, não há sanção pela indeterminação. Quanto à "fixação de limites" estes poderão ser temporais, de matérias ou quanto ao sentido da gestão, tal como a Constituição da República Portuguesa estabelece no artigo 165.°, n.° 2, para a Lei de autorização legislativa da Assembleia da República ao Governo. Por não ser estabelecido um teor mínimo dos limites e em atenção às consequências, a exigência de determinação tem pouco alcance normativo. O alcance mínimo será o de não permitir uma delegação de toda a gestão corrente para todo o período do mandato dos delegados sem que o Conselho assuma as decisões estruturantes de fundo [60].

No contacto com terceiros, caberá ao delegado o ónus de trazer a estes o conhecimento das limitações da delegação [61].

#### 3.4.1. *Competência*

A competência para delegar é atribuída ao Conselho de Administração, colegialmente, e não aos administradores (artigos 405.°, n.° 1, e 406.°, Código das Sociedades Comerciais).

[60] Soveral Martins parece admitir a delegação sem limites, *Os administradores delegados das sociedades anónimas*, p. 25.

[61] Cfr., no mesmo sentido, Gianmaria D'Amico, "Deleghe di poteri e pubblicità legale", *Le deleghe di poteri*, Giuffrè, 2004, p. 111.

A Assembleia Geral não pode decidir a delegação[62], só pode extraordinariamente alterar o número de administradores e respectivos poderes, e nomeá-los e destituí-los e indicar a quem compete a representação. Quando elege a lista, poderá ser também indigitado o presidente do Conselho de Administração, desde que tal poder da Assembleia Geral esteja previsto nos estatutos nos termos do disposto no artigo 395.°, n.° 1, do Código das Sociedades Comerciais. A designação do Presidente não se confunde com a delegação de funções, conforme se viu. Note-se que a irresponsabilidade do colectivo de sócios se justifica pela falta de poderes sobre a gestão do património social, mesmo em caso de dissolução da sociedade.

Os poderes dos sócios esgotam-se na opção entre a administração rigidamente colegial ou um sistema mais flexível, em que o Conselho de Administração pode decidir delegar a gestão corrente ou não. É o Conselho de Administração que passa a ter o poder de formar novo órgão, à sua responsabilidade. A Assembleia Geral não pode impor uma organização interna ao conselho. Note-se que na pessoa colectiva mais complexa, o Estado, analogamente, também a Assembleia da República não pode determinar a orgânica do Governo; trata-se da única matéria reservada exclusivamente ao Governo.

Questão diferente será a imposição estatutária de delegação. Os estatutos são aprovados e alterados pela mesma Assembleia Geral, mas trata-se de um poder diferente da deliberação ordinária da Assembleia, que transcende a simples, mas importante, diferença da maioria exigida. Segundo Soveral Martins, não podem os estatutos obrigar o Conselho a delegar nem determinar o conteúdo da delegação[63]. Contudo, os sócios, minoritários e maioritários, podem ter um interesse em assegurar este sistema de repartição de funções e, sobretudo, de fiscalização interna mais eficaz. Tal interesse, que justificaria até uma previsão legal expressa, merecerá pelo menos a anuência do Direito. Se os estatutos podem optar pela administração monista ou dualista, poderá também, por maioria de razão, preferir a administração monista com delegação de poderes. As razões que se opõem à admissibilidade de uma obrigação estatutária e à determinação do conteúdo da delegação não são suficientemente fortes para uma conclusão diferente. Certo é que a determinação estatutária do conteúdo será necessariamente vaga pela respectiva generalidade e abstracção e não poderá esvaziar por completo o poder de organização interna legalmente reservado ao Conselho de Administração. A este competirá sempre deliberar a delegação em concreto.

[62] Cfr. por todos, PESCE, *Amministrazione e delega di potere amministrativo nelle società per azioni*, p. 61 e 71.

[63] SOVERAL MARTINS, *Os administradores delegados das Sociedades Anónimas*, p. 13.

### 3.4.2. *Forma*

Mesmo que entre os actos a praticar se contem aqueles que dependem de forma mais solene, a delegação será válida com a mera inscrição no livro de actas. Em Itália, Pesce defende solução inversa, por analogia com o regime do mandato contido no artigo 1392 do Código Civil italiano, correspondente ao nosso artigo 262.°, n.° 2, do Código Civil[64]. A analogia não deve ser feita com o regime da procuração, mas com a nomeação de administradores. Estes estão habilitados a representar a sociedade na outorga de escrituras públicas sem que a nomeação esteja sujeita à mesma forma, por serem seus representantes orgânicos, à semelhança dos administradores delegados.

A falta de inscrição da delegação no livro de actas do Conselho de Administração, prevista no artigo 410.°, n.° 8, do Código das Sociedades Comerciais, atinge a respectiva eficácia. A inscrição é uma formalidade *ad probationem*[65].

## 3.5. ***Aceitação do delegado***

A necessidade de aceitação da delegação é análoga à questão da nomeação de administrador e subsequente contrato de administração.

Conforme sabido, entendia-se originalmente, na sequência do *Code de Commerce* francês de 1807, tratar-se de um contrato de mandato, incluído durante a vigência dos Códigos de Veiga Beirão e Ferreira Borges. Foram sendo reconhecidas diferenças entre a relação do administrador com a sociedade e o mandato civilístico e, com o realismo de Otto von Gierke, surgem as construções institucionalistas ou orgânicas, actualmente predominantes. Segundo estas, a designação do titular de um órgão é um acto interno, unilateral, falta a contra-parte de um contrato. Na Alemanha distingue-se a duplicidade do acto: por via da *Bestellung* o administrador é eleito; pela *Anstellung* ele seria contratado.

O administrador, antes de o ser, é um terceiro antes de ocupar o cargo e continua a ser uma pessoa autónoma depois disso. A sociedade tem relações

[64] PESCE, *Amministrazione e delega di potere amministrativo nella società per* azioni, p. 74. O Autor segue neste ponto a posição de GUGLIELMETTI.

[65] Neste sentido, MENEZES CORDEIRO, *Manual de Direito das sociedades*, vol. I, p. 627 e ss. O problema que se coloca em sede de sociedades por quotas, em que o livro de actas não é obrigatório para as deliberações da gerência, é diferente. Com posições contrárias, cfr. RAÚL VENTURA, *Sociedades por quotas*, p. 193 e JORGE PINTO FURTADO, *Curso de Direito das sociedades*, Almedina, 2004, p. 350 e s.

jurídicas com cada um dos titulares dos seus órgãos, o que não impede que a actuação destes, no exercício do cargo, se confunda com a da sociedade. O mesmo acto e relação podem ser vistos como acto interno ou como verdadeiro contrato, tudo depende da perspectiva e dos efeitos para os quais é analisado: perante o terceiro será um acto interno; entre o titular e a sociedade, um verdadeiro contrato[66]. Tanto assim é que existem regras próprias para a representação da sociedade perante o administrador (cfr. artigo 408.°, n.° 4, do Código das Sociedades Comerciais). Não colhem os argumentos segundo os quais a deliberação da Assembleia Geral não pode, para estes efeitos, ser considerada um negócio jurídico. Este acto configurará uma verdadeira proposta contratual da sociedade dirigida ao administrador visado, cuja preparação e apresentação, é certo, segue regras próprias internas. O mesmo se diga para a designação no contrato de sociedade, designação pelo Estado ao abrigo de prerrogativas especiais, cooptação: designação pelo Conselho Fiscal ou pelo tribunal. Qualquer que seja o modo de formação interna da proposta, tem de necessariamente seguir-se a aceitação, sob pena de ineficácia da nomeação. As diferenças apontadas, nomeadamente por Menezes Cordeiro[67], em relação a um negócio jurídico dizem respeito aos accionistas que votam, não ao administrador, que poderá ou não ser accionista. Assim, 1) as várias declarações de vontade idênticas, por oposição a confluentes, não incluem a declaração de vontade do administrador, que só na eventualidade de ser accionista vota na sua própria eleição[68]; 2) a agremiação de declarações dá-se entre os accionistas, *das quais resulta uma declaração única da sociedade* que então se dirige ao *eventual* administrador. *Este responderá* num acto autónomo *com* a sua aceitação *ou rejeição*; 3) o facto de a deliberação, ao contrário do negócio, poder vincular quem com ela não tenha concordado, vale para os accionistas que não aprovam a deliberação, mas não para o futuro administrador. A nomeação sem aceitação fica sem efeito, tal como qualquer proposta negocial não aceite. A solução contrária da não exigência de aceitação faria com que ninguém estivesse a salvo da responsabilidade de administrar empresas, possivelmente até à revelia do seu conheci-

[66] Neste sentido, Raúl Ventura e Brito Correia, "Responsabilidade dos administradores", p. 53. e 92, Pinto Furtado, *Curso de Direito das Sociedades*, p. 340 e s.

[67] Menezes Cordeiro, *Manual de Direito das sociedades*, vol. I, p. 704. Sobre a natureza não contratual das deliberações, cfr. Raúl Ventura, "Nota sobre a substituição de membros de órgãos de sociedades anónimas", *O Direito*, 125, 1993, p. 251 e ss.

[68] A inibição de voto nesta matéria, prevista no artigo 384.°, n.° 6, do Código das Sociedades Comerciais, não é aplicável.

mento. O Direito não o poderia tolerar e, de facto, não o admite. Se o cargo não for aceite, nenhuma responsabilidade poderá ser cobrada à pessoa eleita. Depois da nomeação e aceitação, desenvolve-se uma relação entre o administrador e a sociedade, com duas partes distintas. Conforme referido, tal não obsta a que, perante terceiros, a vontade da sociedade seja formada pelo administrador. São perspectivas e níveis distintos da mesma realidade.

Na prática, não serão propostos à Assembleia candidatos que não tenham já manifestado disponibilidade para exercício do cargo e, possivelmente, até acordado as respectivas condições essenciais com o maior accionista ou grupo de accionistas. Nestas circunstâncias, não se espera uma não aceitação, porque esta já está prometida. Em rigor, a aceitação terá apenas sido prometida ao accionista, e não à sociedade que ele não tem poderes para representar no acto de nomeação. A presença do candidato na sua própria eleição e a falta de exigência de formalização da aceitação, nomeadamente em termos registrais, contribuem para a dissimulação da alteridade negocial e exigência de aceitação, mas não a afectam. Acresce que geralmente, a aceitação será, validamente, tácita.

A questão da necessidade de aceitação da *delegação*, distingue-se, num ponto fundamental, da necessidade de aceitação do cargo de administrador. A delegação não altera o dever de administrar do delegado, apenas alivia os administradores não executivos. Este aspecto contribui para que Pesce e Borgioli entendam não ser necessária a aceitação da delegação[69]. Embora o dever de administrar seja aparentemente o mesmo, a concentração de poderes e deveres comporta para o administrador diligente um acréscimo de trabalho esperado que não deve ser-lhe imposto contra a sua vontade. Neste contexto e face ao disposto no artigo 399.°, n.° 1, do Código das Sociedades Comerciais, que faz depender a remuneração das funções desempenhadas, não parece ser de compartilhar a posição destes Autores. Certo é que, nos casos em que o acréscimo de trabalho seja pouco relevante, a recusa de aceitação será injustificável e em casos extremos, possivelmente abusiva e ilegítima.

A falta de aceitação, por conseguinte, implica por via de regra a ineficácia da delegação, ou seja, a manutenção do dever pleno de administrar dos administradores não-delegados.

[69] O principal argumento de PESCE assenta na suposta ausência de composição de interesses própria do contrato: *Amministrazione e delega di potere amministrativo nella società per azioni*, p. 91 e s.; cfr. ainda BORGIOLI, "La delega di attribuizioni amministrative", p. 29. Note-se, contudo, que para o problema análogo da nomeação de administradores, o artigo 2385, n.° 1, do Código Civil italiano, expressamente prever a aceitação da nomeação.

### 3.6. *Registo e publicação*

Nos termos do disposto no artigo 3.°, n.° 1, alínea *m*), do Código do Registo Comercial, é obrigatório o registo da "designação e cessação de funções ... dos membros dos órgãos de administração". O artigo 70.° do mesmo Código obriga à publicação do mesmo facto.

Apesar de o administrador delegado e a comissão executiva constituírem órgãos autónomos de administração, o legislador, no artigo 3.° do Código do Registo Comercial, não terá tido em mente o órgão delegado[70].

Para a delegação no Direito Administrativo, o artigo 37.°, n.° 2, do Código do Procedimento Administrativo, prevê a obrigatoriedade da publicação por razões não transponíveis para a delegação em apreço.

Contudo, a única utilidade do registo é a publicidade dos poderes de representação – que aos administradores não pode ser retirado sequer, nos termos do disposto no artigo 409.°, n.° 1, do Código das Sociedades Comerciais, salvo se se provar que o terceiro tinha efectivo conhecimento da limitação em causa, sendo que o ónus cabe à sociedade[71]. Assim sendo, a delegação não vem trazer novidade alguma aos poderes de representação. Mesmo as limitações à delegação não são oponíveis de acordo com o mesmo preceito, ainda que estivessem registadas e publicadas. Pelo que a obrigatoriedade de registo e publicação se revelaria uma formalidade desnecessária que só funcionaria como entrave à flexibilização procurada na delegação desprovida de qualquer utilidade. Por conseguinte, também não é aplicável o previsto no art. 168.°, n.° 2, do Código das Sociedades Comerciais[72].

### 3.7. *Sub-delegação*

Pode colocar-se a questão de saber se o órgão delegado pode, por sua vez, delegar. Tanto no mandato como na delegação de Direito Administrativo se

[70] Neste sentido, SOVERAL MARTINS, *Os administradores delegados das sociedades anónimas*, p. 50.

[71] Cfr., nomeadamente, JOSÉ DE OLIVEIRA ASCENSÃO e MANUEL CARNEIRO DA FRADA, "Contrato celebrado por agente de pessoa colectiva. Representação, responsabilidade e enriquecimento sem causa", *Revista de Direito e Economia*, anos XVI a XIX, 1993, p. 55.

[72] Em Itália, a discussão assume contornos diferentes. Aqui também a procuração deve ser registada, nos termos do artigo 2206 do *Codice Civile*. A delegação, segundo PESCE, só requer registo se constituir o conteúdo da procuração, por aplicação dos artigos 2328, n.° 9, e remissão do 2384 para o artigo 2298 do *Codice*.

constata o respeito pelo princípio *delegatus delegare non potest*. Soveral Martins e Brito Correia consideram a sub-delegação inadmissível[73].

Em Itália a sub-delegação é admitida[74]. A solução italiana é particularmente relevante por o nosso regime se ter inspirado de perto no italiano nesta matéria. Desde que os estatutos e o acto de delegação permitam a sub-delegação, não se descortinam razões suficientemente ponderosas para concluir pela inadmissibilidade da sub-delegação. Fora destes casos, a transmissão de poderes não comportará o efeito desresponsabilizador de o sub-delegante passar a ter apenas o dever de vigilância geral. Já a delegação imprópria, por não ter o referido efeito desresponsabilizador, será sempre admissível.

### 3.8. *Delegação irrevogável*

A principal utilidade, digna de tutela, procurada numa irrevogabilidade da delegação seria a da delegação de tarefas de *vigilância* especiais a um administrador independente.

A irrevogabilidade de poderes de *gestão* não é admissível, por analogia à livre destituibilidade dos administradores e, mais distantemente, do mandato e da delegação administrativa pública. Segundo Januário Costa Gomes, "a livre revogabilidade do mandato justifica-se pela já aludida configuração do mandato como *contrato de gestão*, em que a actividade gestória do mandatário é programada pelo mandante, com a consequente alienidade da actividade desenvolvida, da operação económica no seu conjunto e, logo, dos seus resultados; a livre revogabilidade pelo mandante tem, assim, por fundamento, o seu *interesse*, o facto de o mandante ser o *dominus* do acto ou da actividade a desenvolver pelo mandatário"[75]. A analogia que permite concluir pela inadmissibilidade da delegação irrevogável de poderes de gestão não fica prejudicada pelo facto de, em vez da alienidade da actividade desenvolvida, termos na delegação societária apenas

[73] SOVERAL MARTINS, *Os administradores delegados das sociedades anónimas*, p. 23, BRITO CORREIA, *Os administradores de sociedades anónimas*, p. 278.

[74] Cfr., nomeadamente, D'AMICO, "Deleghe di potere e pubblicità legale", *Le deleghe di poteri*, p. 105, FABRIZIO CAROTTI e MARCELLA PANUCCI, "La responsabilità amministrativa prevista dal D.Legs. n. 231/2001 e relative deleghe", *Le deleghe di poteri*, Giuffrè, 2004, p. 306.

[75] JANUÁRIO COSTA GOMES, *Contrato de mandato*, AAFDL, 1990, p. 120. Em apreciação crítica, *vd* PAULO VIDEIRA HENRIQUES, *A desvinculação unilateral* ad nutum *nos contratos civis de sociedade e de mandato*, Boletim da Faculdade de Direito da Universidade de Coimbra, *Studia Iuridica*, 54, Coimbra Editora, 2001, p. 111 e ss.

órgãos e a responsabilidade do Conselho pela actividade societária. A admissibilidade da procuração irrevogável do Direito Civil ancora-se na tutelabilidade do interesse do procurador[76], que no Direito das Sociedades encontra paralelo. Justifica-se, também, por uma possível analogia às consequências da destituição de administrador sem justa causa, que não prejudica a livre revogabilidade.

No que concerne a admissibilidade da delegação irrevogável apenas de poderes de *vigilância,* advogaria a favor o argumento da independência conseguida pela inamovibilidade relativa, bem como a circunstância de ser admissível a sociedade constituir uma procuração irrevogável a favor de um mandante. A procuração, contudo, distingue-se por poder incidir apenas sobre "determinados actos ou categorias de actos", nos termos restritos apurados. Quando a procuração pretenda ser irrevogável, o âmbito interpretativo da expressão sofre uma ulterior restrição substancial, na sequência do exposto sobre a inadmissibilidade da irrevogabilidade da transferência de poderes de gestão. A livre destituibilidade dos administradores sempre poderia mitigar os efeitos de uma irrevogabilidade da delegação, mas a destituição do administrador apresentar-se-ia então como um excesso de meios, e efeitos, para o fim visado.

Mas há um pressuposto essencial que falha: a delegação de poderes de vigilância não é, de todo, admissível com o seu efeito desresponsabilizador para os demais. O dever de vigilância cabe sempre a todos os administradores, mesmo em caso de delegação, nos termos do disposto no artigo 407.°, n.° 5, do Código das Sociedades Comerciais. Se nem a delegação pode nunca aliviá-los desse dever, a delegação de deveres de vigilância não produziria nenhum efeito. Não se compreenderia bem a hipótese de uma responsabilidade pela vigilância geral da vigilância geral delegada. Apenas será admissível o *encargo especial* com o regime previsto no n.° 2 do mesmo artigo 407.°, com efeitos apenas sobre o grau de intensidade do dever de vigilância. Acresce que não é com a delegação de funções de vigilância que se consegue aliviar o administrador do dever de *gestão* para se poder dedicar por inteiro à vigilância. O meio adequado para incumbir um dos administradores com o dever *especial* de vigilância é o de delegar em todos os demais o dever de gestão. Acresce ainda o argumento da tipicidade dos órgãos que aponta no mesmo sentido.

Por conseguinte, a regra será a da não admissibilidade da delegação de poderes de *vigilância*, quer seja revogável ou irrevogável. Quanto à delegação de poderes de *gestão* esta é evidentemente permitida, mas não poderá ser irrevogável[77].

[76] Cfr. PEDRO L. PAIS DE VASCONCELOS, *A procuração irrevogável*, Almedina, 2002.

[77] Neste sentido, PESCE, *Amministrazione e delega di potere amministrativo nelle società per azioni,* p. 117.

## 4. Efeitos da delegação

### 4.1. *Efeitos para os administradores não delegados*

#### 4.1.1. *Responsabilidade*

A responsabilização dos administradores pela gestão passa a estar limitada aos administradores delegados, deixando de atingir os administradores não executivos. Estes já só respondem pelo incumprimento do dever de vigilância geral[78]. Aqui reside o principal efeito jurídico da delegação. Efeito esse que na delegação imprópria não se verifica; nesta, todos os demais administradores mantêm a mesma responsabilidade que têm na ausência de encargo especial.

A responsabilidade não é objectiva, só pode assentar na culpa e ilicitude apurada em concreto[79]. Só se aproximará desta na medida em que a presunção de culpa implica sempre uma quase-responsabilidade pelo risco[80].

Contudo, este principal efeito é prejudicado pela solidariedade imposta nos artigos 72.° e 73.° que, ao contrário do estabelecido no artigo 2392 do Código Civil italiano[81], se mantém mesmo em caso de delegação. A solidariedade pode acabar por se revelar uma responsabilidade objectiva no caso de o direito de regresso não poder ser satisfeito, nomeadamente por insuficiência de património ou de provas. Serve, porém, como incentivo especialmente forte, e excessivo, para uma vigilância atenta da administração da sociedade e para a prevenção de danos, mesmo em caso de delegação, e também de garantia[82] de satisfação do crédito de quem tiver direito à indemnização.

[78] Cfr. nomeadamente, MARIA ELIZABETE GOMES RAMOS, *Responsabilidade civil dos administradores e directores de sociedades anónimas perante os credores sociais*, p. 115.

[79] A *faute*, isto é, a união dos pressupostos da ilicitude e culpa não é um exclusivo da responsabilidade negocial, mas também se dá sempre que o dever de indemnizar decorra de uma cláusula geral, *maxime* do dever de *neminem laedere.* Na falta de norma específica que proíba a conduta em causa, a concretização da norma violada – da cláusula geral – depende já da apreciação do caso concreto. Em sentido diferente, MENEZES CORDEIRO, *Manual de Direito das sociedades*, vol. I, p. 763, nota 2156.

[80] CARNEIRO DA FRADA, *Contrato e deveres de protecção,* p. 90 e s. Por força da presunção de culpa, o administrador, além de ter de cumprir escrupulosamente os seus deveres, deve conservar também as provas de que o tenha feito. No dia-a-dia, tal pode revelar-se mais um factor de congestionamento da actividade gestória, mas que se revela útil para assegurar a melhor gestão.

[81] Até o *Codice del Commercio* de 1882 excluía a solidariedade nos termos do artigo 147 em caso de delegação.

[82] Com efeito, trata-se de uma garantia do cumprimento da obrigação, quer no seu sentido lato,

É, portanto, em sede de apuramento de responsabilidades entre os administradores que estes só são responsáveis pelo incumprimento culposo do dever de prevenção dos actos danosos, dever de prevenção que, para os administradores não delegados, passa a ser apenas de vigilância geral ou, tendo conhecimento da iminência de actos danosos, que não provoquem a intervenção do Conselho. O dever de prevenção será cumprido se o administrador fizer tudo ao seu alcance para evitar a produção de danos.

Um dos aspectos mais discutidos e relevantes da recente reforma das sociedades em Itália diz respeito à delegação [83] e, mais concretamente, ao aspecto mais marcante da responsabilidade dos administradores não delegados. Dispõe o novo artigo 2392 do Código Civil italiano:

> Os administradores devem cumprir os deveres que lhe são impostos pela lei e estatutos com a diligência exigida pela natureza da incumbência e as suas competências específicas. Estes são solidariamente responsáveis para com a sociedade pelos danos derivados da inobservância de tais deveres, salvo se se tratar de competências próprias da comissão executiva ou de funções concretamente atribuídas a um ou mais administradores.
>
> Em todo o caso os administradores, sem prejuízo do disposto no terceiro parágrafo do artigo 2381 [relativo à delegação, impondo o dever de vigilância sobre o andamento geral da gestão, delimitação de objecto da delegação, poder de orientação, avocação, avaliação da adequação da organização e património societário, exame dos planos estratégicos, industriais e financeiros] são solidariamente responsáveis se, tendo conhecimento de actos danosos, não fizeram o que podiam para impedir a respectiva produção, eliminar ou atenuar as consequências danosas [84].

Na lei de reforma das sociedades de 2003, o legislador italiano explica no preâmbulo que

> A eliminação do anterior n.° 2 do artigo 2392 da obrigação de vigilância geral da gestão, substituída por obrigações específicas bem individualizadas (em especial os artigos 2381 e 2391), tende, embora conservando a responsabilidade solidária, a evitar extensões indevidas que, sobretudo na experiência das acções subsequentes

exposto por BECKER-EBERHARD de aumento da probalidade de satisfação do crédito, quer em sentido próprio, na medida em que passa a haver mais patrimónios responsáveis pela dívida, constituindo, portanto, uma garantia pessoal, tal como a fiança. BECKER-EBERHARD, *Forderungsgebundenheit der Sicherungsrechte*, p. 4.

[83] Cfr., nomeadamente, VINCENZO ALLEGRI, "Gli amministratori delle società per azioni in una prospettiva di riforma", *Rivista delle società*, ano 44, fasc. 2.°-3.°, 1999.

[84] Tradução livre do artigo 2393 do Código Civil italiano.

a processos de concurso de credores, acabava por transformá-la numa responsabilidade substancialmente objectiva, afastando as pessoas mais conscienciosas da aceitação ou manutenção de cargos nas sociedades ou de situações em que o risco de processo de concurso as expusesse a responsabilidades praticamente inevitáveis.

Parece haver duas correntes a respeito do regime ora vigente de responsabilidade dos administradores não executivos. Uma primeira, segundo a qual a responsabilidade solidária destes é agora excluída, e uma segunda que defende que a responsabilidade destes não pode ser excluída *a priori*[85]. É duvidoso que a alteração seja tão substancial quanto poderia parecer à primeira vista, pois a lei italiana continua a prever o importante dever de vigilância geral, por um lado, e nem sequer retirou, de facto, a previsão expressa da responsabilidade pela respectiva violação, por outro. Apenas remete para o artigo que continua a prever o dever de vigilância. A mesma solução sempre decorria do regime geral da responsabilidade pelo incumprimento de deveres. A intenção do legislador não parece ter sido a de desresponsabilizar os administradores não delegados até da vigilância, de acordo com o próprio artigo 2392, mas simplesmente esclarecer o conteúdo mínimo do dever de vigilância e, por essa via, evitar um excesso de responsabilização, conforme esclarece o preâmbulo.

Da experiência italiana podemos retirar directrizes úteis para a determinação do conteúdo e limites do dever de vigilância, tendo embora presente a agravante de o regime português manter a solidariedade mesmo em caso de delegação.

Note-se que não depende da validade ou existência do contrato de administração a responsabilidade decorrente da violação do dever de vigilância ou intervenção dos administradores, mas da ocupação do cargo ou exercício de funções, conforme dispõe o artigo 80.° do Código das Sociedades Comerciais e o artigo 6.° do Código da Insolvência e Recuperação de Empresas[86].

Poder-se-ia aventar que, à semelhança da imputação directa da actuação dos administradores à sociedade[87], também a actuação do órgão delegado deve, não só ser imputado à sociedade, mas também ao órgão delegante. Como foi visto a propósito do mandatário ou procurador da sociedade, não parece ser essa a

[85] GRAZIANO MOLINARI e MARIA GRAZIA MULÈ, "I riflessi della riforma del diritto societario", *Le deleghe del poteri*, Giuffrè, 2004, p. 70 e ss. Segundo BONELLI, a responsabilidade solidária dos administradores sem delegação foi (apenas) substancialmente atenuada. *Gli amministratori di SpA dopo la riforma*, p. 159 e s, 190 e 294.

[86] Cfr., a este propósito, na Alemanha, KARSTEN SCHMIDT, *Gesellschaftsrecht*, p. 684.

[87] Na Alemanha, por exemplo, entende-se que o § 31 do BGB relativo às associações é aplicável às *Aktiengesellschaften*. KARSTEN SCHMIDT, *Gesellschaftsrecht*, p. 815 da 4.ª ed., EUGEN KLUNZIGER, *Grundzüge des Gesellschaftsrechts*, Vahlen, 2004, p. 148 e 165.

solução. O benefício obtido pelo risco é da sociedade e não do Conselho em si, apenas a sociedade deve responder na ausência de violação de deveres dos administradores[88].

A responsabilidade dos administradores, por regra, será obrigacional e não extra-negocial.

Entre nós, Caetano Nunes entende que a responsabilidade *perante os accionistas* só poder ser delitual[89], num raciocínio que não se pode acompanhar inteiramente, visto que entre accionistas e administrador existe, graças às respectivas ligações à sociedade, uma *Sonderverbindung*. Os accionistas expõem-se especialmente aos administradores, não só quanto à perspectiva de lucros, mas também o seu património, ainda que limitado à respectiva participação social. Muito embora não sejam os accionistas parte directa do contrato de administração, são sem dúvida os maiores beneficiários de uma boa gestão que aumente o valor da acção e dos dividendos. A estrutura da relação entre accionistas e administrador é substancialmente mais próxima da obrigacional que da aquiliana, pelo que se justifica que sejam aplicados aspectos deste regime de responsabilidade, ainda que na ausência de contrato ou obrigação específica, nomeadamente no que respeita ao ónus da prova. O mesmo se diga em relação à ligação do administrador em relação aos credores, em que ademais se exige a violação de dever especificamente destinado à protecção destes.

### 4.1.2. *Dever de vigilância*

O principal dever dos administradores não delegados passa a ser a vigilância geral e dever de intervenção. Conforme visto, a principal vantagem da delegação é criar um órgão vigilante e outro vigiado. O dever de vigilância é individual de cada administrador, não é imposta a colegialidade neste aspecto[90]. Do

[88] Para conseguir esta solução, o *Code de Commerce* francês de 1807 pecou por excesso ao acrescentar à responsabilidade da sociedade também a irresponsabilidade dos administradores, no seu artigo 32.

[89] Caetano Nunes, *Responsabilidade civil dos administradores perante os accionistas*, p. 37.

[90] Cfr., nomeadamente, Cagnasso, "L'amministrazione collegiale e la delega", p. 258 e 308, e Fabrizio Devescovi, "Controllo degli amministratori sull'attività degli organi delegati", *Rivista delle società*, ano 26, fasc. 1.°-2.°, 1981, p. 98 e s, invertendo, para o efeito, acertadamente, o brocardo "Keine Haftung ohne Herrschaft" para "Keine Herrschaft ohne Haftung". Em sentido diferente, Filippo Chiomenti sustentava em Itália a opinião minoritária de só haver dever de informação se o Conselho colegialmente a solicitasse – antes da reforma, num contexto legal

exposto a propósito da reforma italiana, retira-se que o conteúdo mínimo do dever de vigilância geral é a avaliação da adequação da organização e património societário, bem como o exame dos planos estratégicos, industriais e financeiros.

Não há aqui margem para melindre pessoal. De nada valerá ao administrador não delegado invocar, para justificar o incumprimento do seu dever de vigilância, que por reverência, pudor ou receio de aparência de falta de confiança se absteve de intromissão na política de gestão alheia. Com efeito, há uma tendência para não vigiar mais do que o próprio gostaria de se ver vigiado. Por muito simpático que tal possa parecer, descura-se que desse modo ficam por cumprir deveres essenciais para assegurar uma boa gestão, com o risco sério de responsabilização pessoal. Trata-se, simplesmente, de cada um desempenhar o seu papel de vigilante e vigiado, num padrão de normalidade sem que tal comporte uma depreciação das capacidades individuais.

O dever de vigilância implica não só a formulação periódica de pedidos de informação aos administradores delegados, como uma postura activa de procurar informação directamente junto da fonte, nomeadamente junto dos colaboradores da empresa. Importa não descurar que o administrador delegado é o vigiado, pelo que não deve a vigilância esgotar-se na análise da informação disponibilizada por este.

### 4.1.3. *Dever de intervenção*

É certo que a mera existência de vigilância por si só poderá ter algum efeito de evitar uma gestão escandalosamente desastrosa, mas não basta por si só. Serve também para permitir a intervenção do Conselho sempre que se revele oportuno. O dever de intervenção está expressamente previsto pelo artigo 407.°, n.° 5, *in fine*, do Código das Sociedades Comerciais. Cada administrador tem o dever de fazer tudo ao seu alcance para provocar a intervenção do Conselho, sendo certo que só este poderá e deverá agir. Caso o Conselho não intervenha, têm ainda os administradores o dever de informar o Conselho Fiscal e a Assembleia para estes, no limite dos respectivos poderes, tomarem as medidas adequadas[91]. Naturalmente, o respectivo incumprimento dá lugar à responsabilização.

semelhante ao português. "Il principio della collegialità dell'amministrazione pluripersonale nella società per azioni", *Rivista del diritto commerciale e del diritto generale delle obbligazioni*, ano LXXX, 1982, p. 320 e ss. O dever de vigilância, aliás, não é um exclusivo da delegação nem das sociedades de capitais. Cfr. GIUSEPPE RAGUSA MAGGIORE, *Trattato delle società*, vol. I, Cedam, 2000, p. 253.

[91] Cfr. CAGNASSO, "L'amministrazione collegiale e la delega", p. 309.

#### 4.1.4. *Poderes do Conselho delegante*

i. Direito à informação

Reverso do dever de vigilância é o direito à informação. Mesmo os administradores nomeados pela minoria, mais facilmente excluídos do quotidiano da gestão, têm o pleno e individual direito à informação.

O artigo 2381, n.° 5, do Código Civil italiano, impõe que pelo menos cada 180 dias o órgão delegado preste informações sobre o andamento da gestão e evolução previsível, e também sobre operações de maior relevo da sociedade e das que controla, mesmo sem requerimento expresso de informações. O legislador português não impõe ao delegado a prestação espontânea e periódica de informações. Mais que uma substituição do delegado face ao incumprimento da vigilância por parte de delegado, tratar-se-á da concretização dos deveres acessórios positivados no artigo 64.° do Código das Sociedades Comerciais. É razoável esperar do administrador diligente que informe o Conselho nas reuniões mensais obrigatórias e sempre que a importância da decisão o justifique.

O direito de vigilância encontrará o seu limite onde se revele manifestamente inoportuno por perturbar excessivamente o funcionamento do órgão delegado. Assim, por via de regra, o administrador não executivo poderá assistir esporadicamente às reuniões da comissão executiva.

ii. Direito à intervenção

Substancialmente mais vasto que o dever de intervenção – que existe apenas em casos críticos – o Conselho tem o direito a intervir. E pode fazê-lo impondo orientações, avocando, revogando os actos do delegado – ressalvados os direitos de terceiros – ou pela revogação de toda a delegação.

Quanto ao poder de orientação, em Portugal não há previsão expressa do poder de orientação do Conselho, ao contrário do que se encontra no artigo 2381 do Código Civil italiano, para além dos limites fixados no acto de delegação. O reconhecimento do poder impõe-se, nomeadamente, pela analogia com regime de mandato e de delegação administrativa. Acresce que, se o Conselho de Administração pode revogar delegação e aprovar nova delegação com orientação, também deve poder fazê-lo sem ter de revogar o acto. A principal razão de fundo é a responsabilidade dos membros do Conselho de Administração pela vigilância da actuação dos delegados. Temos, portanto, que o Conselho mantém o poder de impor directivas ao sentido da gestão e quanto a decisões concretas que o órgão delegado deverá acatar.

No que concerne o poder de avocação, o Conselho de Administração mantém sempre a competência concorrente, pelo que poderá a todo o tempo e sem necessidade de justificação avocar as competências delegadas. Da competência concorrente do Conselho decorre também o poder de revogação dos actos dos delegados, naturalmente, sem prejuízo de direitos de terceiro.

A revogabilidade da delegação, conforme visto, é uma faculdade irrenunciável. Se da vigilância da actividade decorrer a conveniência da avocação completa de poderes, deve o Conselho poder reagir. A livre revogabilidade da delegação é pacificamente aceite [92].

### 4.2. ***Efeitos para o órgão delegado***

i. Dever de administração

Os deveres do administrador delegado são, essencialmente, os mesmos que tinha já antes da delegação. Mantém o mesmo dever pleno de administrar que tinha antes. Simplesmente, passa a ter mais poder de decisão, nomeadamente por o seu voto ter agora mais peso relativo, e, pela mudança de papel dos administradores não delegados, intensifica-se o seu dever de acção. Ou seja, o dever de gerir passa a ser apenas dos administradores delegados; os não delegados têm o poder, mas já só têm o dever de actuar, nomeadamente na iminência de danos. Ao acréscimo de poder, junta-se um acréscimo de dever [93].

ii. Dever de informar

Ao direito à informação dos administradores não delegados corresponde, evidentemente, um dever de informar dos delegados.

Questão diferente será a de saber se existe um verdadeiro dever do administrador delegado em prestar informações espontaneamente, sem ser instado a tanto. O administrador delegado diligente certamente não deixará de o fazer com alguma regularidade e sempre que a importância de determinado negócio ou situação o justifique. Tal dever encontrará a sua base legal no artigo

[92] Cfr., por todos, RAÚL VENTURA, *Sociedades por quotas*, p. 194.

[93] Um dos casos em que o dever específico de agir teria feito diferença, é o decidido pelo Acórdão do Supremo Tribunal de Justiça, de impugnação de aprovação de contas – por as contas não terem sido elaboradas. Na defesa alegava-se que a elaboração competia, também, ao Autor, administrador, mas o tribunal entendeu que, por faltar um dever *específico* de elaboração das contas, o administrador não perdia a legitimidade processual activa.

407.°, n.° 5, do Código das Sociedades Comerciais, que não só impõe ao seu destinatário imediato o dever de vigiar, mas também onera o administrador delegado com o dever de permitir e colaborar na vigilância.

Constituem situações que justificam a informação espontânea, nomeadamente o risco de perda de metade do capital social, dificuldades de tesouraria excepcionais, negócios que impliquem um endividamento ou investimento avultado, uma vinculação duradoura, parcerias estratégicas, a alienação de bens importantes da empresa, o risco de perda de quadros dirigentes, a verificação da incorrecção de informação anteriormente prestada, entre outras. Em especial, quando parte importante da actividade da sociedade se prende com um cliente, um fornecedor ou prestador de serviços em especial, incluindo bancários ou de contratos de seguro, ou uma entidade reguladora, devem eventuais vicissitudes de relacionamento com estes ser reportadas, *maxime* a proposição de acções judiciais ou arbitrais. O mesmo vale para casos em que entidades concorrentes tenham ou ameacem vir a empreender acções com efeitos relevantes sobre a actividade da empresa.

O prazo para a comunicação deve ser de uma brevidade razoável, adaptado à rapidez da actividade comercial.

Quanto às consequências do incumprimento de tal dever de informar espontaneamente, distinguem-se as duas situações, consoante se trate da informação periódica ou de uma situação importante. O dever de vigiar incumbe, em primeira linha, ao administrador não delegado, pelo que a falta de informação periódica ser-lhe-á imputada se este falha no pedido de informação. Ou seja, neste caso não há consequências jurídicas pelo incumprimento do dever de informar espontaneamente, nomeadamente de responsabilização acrescida. Já assim não será quando o dever é imposto pela especial relevância de certo negócio ou certa situação da empresa. Estes casos não devem poder ocorrer entre dois pedidos regulares de informação dos vigilantes diligentes sem que estes sejam informados, sob pena da responsabilidade do delegado/vigiado pelos danos causados, e sem que haja responsabilização de quem não foi informado.

À recusa de informação não é aplicável a pena prevista no artigo 518.° do Código das Sociedades Comerciais. Trata-se de uma norma penal que expressamente se limita à não informação dos sócios. Já o disposto no artigo 519.°, n.°s 1, 2 e 5, poderá ser aplicável, apesar de o contexto sistemático poder levar a crer que não tivesse sido pensado para este tipo de situação.

iii. Responsabilidade

Considerando que o delegado mantém o mesmo dever de administrar que tinha antes da delegação – apenas os não-delegados são relativamente eximidos –, poderia pensar-se que com a delegação não há diferenças substanciais da responsabilidade do delegado. Contudo, a concentração de poderes dos delegados não pode ocorrer sem um correspondente acréscimo de responsabilidade, em consonância com a máxima "*Keine Macht ohne Haftung*".

Note-se, contudo, que a responsabilidade depende obviamente da existência de danos, pelo que, um acto ilícito, mas que haja contribuído para lucros e ausência de perdas da sociedade, não implicará uma responsabilização[94].

iv. Poderes de emergência

O administrador delegado tem o poder para decidir qualquer situação urgente que se apresente, tal como o tem qualquer administrador sem delegação. Os actos praticados requererão ratificação do Conselho de Administração nos termos previstos pelo artigo 408.°, n.° 1, do Código das Sociedades Comerciais. A diferença entre o administrador delegado e o administrador sem delegação consiste no facto de o poder-dever de agir ser mais *dever* para o delegado e mais *poder* do administrador comum. Ou seja, o delegado tem um dever mais intenso de acção. Serão poucas as diferenças jurídicas efectivas entre uma e outra situação, pois ambos têm o dever e poder de acção; simplesmente, no caso do delegado, tal dever assume uma intensidade particular.

A recusa de ratificação apenas terá efeitos internos, nomeadamente de responsabilização. Esta só será lícita em casos extremos de manifesto excesso ou se se verificar que faltaram os requisitos de necessidade e urgência da decisão, entendida como impossibilidade de deliberação do Conselho de Administração em tempo útil[95].

## 5. **Vicissitudes**

A delegação que não respeitar os limites legais será, em princípio, anulável, pois é esta a regra do Direito Comercial e do Direito das Sociedades. É certo que esta divergência do Direito Civil se justifica sobretudo para a tutela de terceiros, da segurança jurídica e comércio, e que a delegação praticamente só tem efeitos internos – de desresponsabilização dos administradores não delegados – razão pela qual a nulidade seria defensável. Parece, porém, que ainda assim a

[94] BORGIOLI, "La delega di attribuizioni amministrative", p. 62.

[95] Neste sentido, MASSIMO LEMBO, "La delega dei poteri di erogazione di credito", *La deleghe di poteri*, Giuffrè, 2004, p. 175.

regra geral será a da anulabilidade, nos termos do artigo 411.° do Código das Sociedades Comerciais, por não haver previsão expressa em contrário e por também os administrador terem confiança digna de tutela. Do mesmo modo, as deliberações dos sócios não deixam de ser anuláveis quando produzem meros efeitos internos.

### 5.1. *Efeitos da invalidade da delegação*

Conforme referido, uma delegação que não observe os requisitos legais será por via de regra anulável e, excepcionalmente nula, nos termos do artigo 411.° do Código das Sociedades Comerciais. A invalidade da delegação pode repercutir-se sobre a validade dos actos do delegado e sobre o regime de repartição interna de responsabilidades.

A delegação que tenha um mínimo de aparência de validade, porém, não deixará de produzir alguma consequência própria da delegação nomeadamente para efeitos de aplicação de normas incriminadoras na medida em que excluir a culpa penal[96].

Sobre a validade, Pinto Furtado refere para as sociedades por quotas que "o acto do gerente delegado só vinculará a sociedade se estiver expressamente contido na delegação"[97]. Não parece que seja de acompanhar o Autor nesta posição.

A regra será de mesmo a delegação inválida não afectar a validade dos actos do "delegado"[98]. No Direito das Sociedades a regra para a violação de normas organizatórias internas é a da validade do acto, que, para tutela do comércio e da segurança, decorre da "necessidade prática de lançar sobre o detentor de uma empresa comercial (...) *o risco da organização interna da empresa e da observância efectiva da divisão interna de funções por parte das pessoas e departamentos de acordo com as suas instruções*"[99]. Se podem ser válidos actos não obstante a incompetência absoluta, para empregar um conceito de Direito Administrativo,

[96] Cfr. GIOVANNI PAOLO ACCINI, "Fatti di bancarotta e responsabilità penale degli amministratori senza delega", *Rivista delle società*, ano 37, fasc. 5.°-6.°, 1992.

[97] PINTO FURTADO, *Curso do Direito das sociedades*, p. 350.

[98] Foi criticado, com razão, o Acórdão do Supremo Tribunal de Justiça de 11.01.2001, segundo o qual a falta de poderes do Presidente do Conselho de Administração afectaria a validade dos actos praticados.

[99] OLIVEIRA ASCENSÃO e CARNEIRO DA FRADA, "Contrato celebrado por agente de pessoa colectiva. Representação, responsabilidade e enriquecimento sem causa", p. 57.

por maioria de razão também devem ser os que apenas padecerem de incompetência relativa, ou seja, quer exceda o objecto social ou simplesmente exceda a competência do administrador. O n.° 1 do artigo 409.° do Código das Sociedades Comerciais, imposto pelo artigo 9.°, n.° 1, da Primeira Directiva sobre sociedades comerciais, refere a inoponibilidade de limitações constantes dos *estatutos* ou *deliberações dos accionistas*, nada dizendo quanto às limitações do acto de delegação. Por maioria de razão, estas devem ser consideradas igualmente abrangidas pelo preceito, além de que, como faz notar Soveral Martins, os delegados são também administradores, pelo que sempre vinculariam a sociedade, independentemente da delegação e respectivos limites[100]. A validade dos actos dos administradores não depende, por conseguinte, de alguma vez ter existido a aparência de delegação, mas do conhecimento por parte do terceiro das limitações em causa.

Assim, à prática de actos por parte dos administradores sem poderes não se aplica o regime próprio da falta de poderes ou capacidade, mas apenas o da responsabilidade. Segundo Borgioli é mais correcto entender-se que os poderes subsistem sempre, mas têm regras de exercício que, violadas, dão lugar à responsabilização[101].

No que concerne decisões com meros efeitos internos, já não serão os actos do "delegado" válidos e carecerão da ratificação do Conselho.

Nos reduzidos casos de invalidade, aplicar-se-á o regime de invalidade de actos do Conselho de Administração, vertido nos artigos 411.° e 412.° Código das Sociedades Comerciais.

### 5.2. *Abuso de delegação*

As conclusões apresentadas para a invalidade do acto de delegação são transponíveis para o caso de o delegado exceder os poderes conferidos. Os actos por via de regra serão válidos, havendo apenas lugar à responsabilização dentro da sociedade. Este é um dos aspectos em que o regime da delegação societária se afasta tanto para o estabelecido para o mandato quanto para a delegação de Direito Administrativo, em que os actos são feridos de invalidade, de acordo com os artigos 268.°, n.° 1, do Código Civil, e 133.°, n.° 2, alínea *b*), e 135.° do Código do Procedimento Administrativo, respectivamente.

[100] Soveral Martins, *Os administradores delegados das sociedades anónimas*, p. 44.
[101] Borgioli, "La delega di attribuizioni amministrative", p. 51, 54 e 71 e s.

### 5.3. *Meios de reacção*

A invalidade tanto da deliberação de delegação como dos actos dos delegados podem ser declaradas pelo Conselho de Administração, pelo Conselho Fiscal ou pela Assembleia Geral a requerimento de qualquer administrador, do Conselho Fiscal ou de qualquer accionista com direito de voto, nos termos do disposto no artigo 412.°, n.° 1, do Código das Sociedades Comerciais. A impugnação judicial segue, também, os termos gerais. O meio processual adequado para uma reacção urgente será a providência de suspensão de deliberações sociais prevista nos artigos 396.° e 397.° do Código de Processo Civil. Trata-se de uma decisão de um órgão social, delegado, que constitui uma deliberação social no sentido preconizado pela norma, não obstante o n.° 3 do artigo 396.° se reportar apenas às deliberações da assembleia [102].

## 6. **Cessação**

A delegação cessa por caducidade, nomeadamente pela perda de qualidade de administrador, por revogação – uma faculdade irrenunciável e insindicável, conforme visto. Se a vaga criada pela saída do administrador delegado for preenchida por um novo administrador, a delegação cessa em atenção à natureza *intuitu personae* do encargo [103].

Não afecta a delegação a modificação de composição do Conselho delegante, mesmo em relação a membros cujo voto tenha sido decisivo para a delegação [104]. O novo órgão sempre poderá revogar expressamente a delegação e não se justifica nesta sede a criação de uma incerteza jurídica e de uma quebra da continuidade da actividade social.

[102] Cfr. Acórdão do Tribunal da Relação de Lisboa de 03.10.1995, *Colectânea de Jurisprudência*, 1995, IV, p. 103. Segundo o Acórdão do Tribunal da Relação do Porto de 08.01.2001, publicado na *Colectânea de Jurisprudência*, I, 2001, também podem ser impugnadas por este meio decisões da mesa da Assembleia Geral, enquanto "órgão delegado" da Assembleia Geral.

[103] Não é assim no direito administrativo francês, em que a delegação é vista como relação funcional entre órgãos.

[104] Neste sentido, CAGNASSO, "L'amministrazione collegiale e la delega", p. 303.

## 7. Natureza jurídica

### 7.1. *Do administrador delegado e da comissão executiva*

Quando o administrador era visto como mandatário da sociedade, o delegado constituía, simplesmente, uma substituição de mandatário. Este enquadramento é prejudicado pela visão orgânica da sociedade. Há ainda quem defenda que a relação que se cria entre a sociedade, representada pelo Conselho, e o administrador por via da delegação, seja análoga mas diferente do contrato de administração que une o administrador à sociedade [105]. Parece, contudo, mais correcto falar-se de uma simples alteração dos termos da relação de administração, não só pelos poucos efeitos jurídicos que a delegação comporta para o delegado, mas também em atenção à dependência da delegação da qualidade de administrador.

Coloca-se a questão de saber se o administrador delegado ou a comissão executiva são órgãos. Há quem responda negativamente [106], mas com razões que se afiguram insuficientes. Nomeadamente, Borgioli avança que falta uma esfera autónoma e diferente de poderes [107]. Tal não se revela essencial. O Direito conhece bem órgãos com competência concorrente, mesmo dentro do Direito das sociedades. Pense-se em todas as matérias que tanto podem ser decididas pelo órgão de gestão como pelo colectivo de sócios.

A maioria da doutrina entende tratar-se de verdadeiros órgãos [108], facultativos, e, com efeito, trata-se de verdadeiros centros de imputação de poderes funcionais [109]. Não é ferida a tipicidade legal dos órgãos, pois a própria lei prevê a delegação. Brito Correia prefere a classificação de sub-órgão, em atenção ao facto de o delegante poder modificar os actos do delegado e o inverso não ser

[105] Cfr. CAGNASSO, "L'amministrazione collegiale e la delega", p. 287 e s.

[106] ERNESTO EDUARDO MARTORELL entende que não sejam órgãos mas "instrumentos tecnicos por medio de los cuales se intenta descongestionar la actividad directorial", *Los directores de sociedades anonimas*, Depalma, 1990, p. 340.

[107] BORGIOLI, "La responsabilità solidale degli amministratori di società per azioni", p. 37 e s.

[108] Neste sentido SOVERAL MARTINS, *Os administradores delegados das Sociedades Anónimas*, p. 16 e ss, NOGUEIRA SERENS, "Notas sobre a sociedade anónima", RDE, p. 113 ou BFDUC, p. 78; MARIA ELIZABETE GOMES RAMOS, *Responsabilidade civil dos administradores e directores de sociedades anónimas perante os credores sociais*, p. 113, DEVESCOVI, "Controllo degli amministratori sull'attività degli organi delegati", p. 98, p. 319. FANELLI, *La delega di potere*, p. 21.

[109] Cfr., por todos, MARCELLO CAETANO, *Manual de Direito Administrativo*, tomo I, Coimbra Editora, 1968, p. 197.

possível [110]. É posta em evidência a subordinação do órgão, mas assim também sucede com o órgão delegado no Direito Administrativo sem que, por isso, se fale em sub-órgãos, uma categoria nova que não parece ser imprescindível. A terminologia poderia induzir no erro de se crer estar perante um "órgão do órgão", como se a actuação do delegado fosse organicamente imputada ao Conselho e, enquanto tal, imputada num segundo momento à sociedade. Do exposto acerca da responsabilidade dos administradores não delegados, constatou-se não ser assim. Os actos do delegado são antes directamente imputados à sociedade [111].

## 7.2. *Do acto de delegação*

Por via da delegação conferem-se poderes aos administradores, tal como na respectiva nomeação para o cargo de administrador. A questão da natureza do acto de delegação segue de perto a discussão em torno da nomeação de administrador e da relação destes com a sociedade, *supra* analisada [112].

Na sequência do exposto, deve ser distinguido o substrato obrigacional da relação entre duas entidades autónomas – a pessoa que exerce o cargo de administrador e a sociedade – e o substrato organizacional interno para que a sociedade possa actuar e relacionar-se com terceiros [113]. A relação entre a sociedade e o seu administrador, que aos terceiros se apresenta como interna, é um contrato de administração. Não se rege pelas normas laborais [114] que visam uma protecção do trabalhador tipicamente com uma dependência económica substancialmente diferente e sujeito, ao invés do administrador, a uma direcção. A que acresce, sobretudo, que as normas de estabilidade do posto de trabalho não são conciliáveis com a reconhecida necessidade de livre destituibilidade dos administradores [115].

[110] BRITO CORREIA, *Os administradores de sociedades anónimas*, p. 278 e s.

[111] Neste sentido, BORGIOLI, "La delega di attribuizioni amministrative", p. 25.

[112] Cfr., *supra*, ponto 3.5.

[113] A distinção dos dois substratos é feita por MENEZES CORDEIRO, *Manual de Direito das sociedades*, vol. I, p. 178 e s, a propósito do Direito das sociedades em geral, não acerca do problema específico da relação que une a sociedade ao seu administrador.

[114] Cfr., nomeadamente, o Acórdão do Supremo Tribunal de Justiça de 29.11.1989, embora na fundamentação incorra na confusão, de resto comum, entre o substrato obrigacional e organizacional.

[115] A este propósito, refira-se que a fixação, no contrato de administração, de uma indemnização pela destituição do administrador sem justa causa – o chamado pára-quedas doirado – é admissível desde que os montantes em causa não se revelem ser, afinal, um preço proibitivo. Neste sentido, PAULO LOPES MARCELO, *A blindagem da empresa plurissocietária*, p. 81 e s.

O contrato de administração[116], enquanto prestação de serviços reger-se-á entre as partes, supletivamente, pelo disposto para o mandato, nos termos previstos pelo artigo 1156.° do Código Civil, apenas na estrita medida em que a analogia das situações o justifique[117]. Tal não impede que a actuação do administrador no exercício do seu cargo se impute directamente à sociedade.

Resta saber até que ponto conclusões semelhantes são defensáveis para a *delegação*, questão que será vista adiante.

### 7.2.1. *Mandato*

Segundo Pupo Correia, a delegação constituirá um mandato especificamente constituído pelo titular do órgão[118]. Com efeito, há muitas semelhanças entre a delegação e o mandato. A mais importante é a de ambas as figuras servirem para a transferência do exercício[119] de poderes decisórios do titular originário para um subordinado, *intuitu personae*, que gerirá interesses alheios praticando actos jurídicos. O Conselho de Administração tem poder de avocação e pode revogar actos sem prejuízo de direitos de terceiro, tal como o mandante não perde a faculdade de prática de actos e tem poderes para revogar os actos do mandatário, sem prejuízo de direitos de terceiro. Tanto o mandante quanto o Conselho delegante podem estabelecer directivas de actuação ao mandatário e delegado, respectivamente. O mandatário, à semelhança do delegado, passa a ter o poder e o dever de executar a tarefa confiada. Acresce a similitude da invalidade da delegação daqueles poderes que não caibam ao Conselho, nos termos do artigo 411.°, n.° 1, alínea *b*), do Código das Sociedades Comerciais, tal como é inválido o mandato de poderes que não caibam na esfera do mandante.

[116] A autonomia do tipo contratual é reconhecida, nomeadamente, no Acórdão do Supremo Tribunal de Justiça de 12.12.1994.

[117] Neste sentido decidiu o Acórdão do Supremo Tribunal de Justiça de 19.11.1987. Cfr. a propósito da transposição do regime do mandato, embora com conclusões diferentes, Menezes Cordeiro, *Manual de Direito das sociedades*, vol. I, p. 702 e s.

[118] Miguel Pupo Correia, *Direito Comercial*, Coimbra Editora, 2003, p. 616. A classificação de mandato comercial da delegação é também sustentada pelo Acórdão do Tribunal da Relação do Porto de 12.04.1999, para efeitos de declaração de incompetência do tribunal de trabalho.

[119] A transferência, sublinhe-se, é do exercício e não da titularidade dos poderes em si, quer no mandato, na delegação societária ou administrativa. O transferente mantém os poderes e tem ainda poderes sobre o exercício destes por parte do delegado ou mandatário, respectivamente.

Apesar das semelhanças apontadas, não pode concluir-se que a delegação seja recondutível ao mandato. Por vezes aponta-se como diferença o facto de a competência funcional do delegado derivar directamente da lei e não se basear no acto de vontade que lhe subjaz [120]. Problema análogo se colocou com intensa discussão acerca da natureza legal ou contratual da *culpa in contrahendo* e foi ultrapassado com o reconhecimento de que a alternatividade é aparente [121]. A mesma conclusão deve ser transposta para o presente contexto. Decisivas são as diferenças estruturais entre as figuras: não são transponíveis para o regime da delegação, nomeadamente, as previsões dos artigos 1159.°, 1160.°, 1163.° a 1166.°, 1167.°, para além da alínea *b*), 1169.°, 1170.°, n.° 2, 1171.° e 1172.° a 1184.°, todos do Código Civil, relativas a aspectos essenciais do mandato. Para além das diferenças, por si decisivas para dissociar a delegação do mandato, acresce que mandato e delegação se integram em ramos diferentes do Direito privado e que todas as semelhanças apontadas são também comuns à delegação de Direito Administrativo e, nem por isso se discute se esta constitui um mandato.

### 7.2.2. *Delegação de Direito Administrativo*

A todas as semelhanças já referidas acrescentam-se ulteriores aspectos comuns às delegações e que se afastam do regime do mandato. Assim, no Direito Administrativo exige-se uma lei de habilitação que determinará os limites da delegabilidade; também a delegação societária, em jeito de lei de habilitação, exige a autorização estatutária. O termo "delegação" no Direito Civil, de resto, já só é empregue para fazer notar que a transferência de poderes não é admissível [122]. Outro aspecto comum particularmente impressivo é o

[120] Cfr., nomeadamente, PINTO FURTADO, *Curso de Direito das Sociedades*, p. 343.

[121] Cfr. MENEZES CORDEIRO, *Da boa fé no Direito Civil,* vol. I, p. 539 e ss. GOMES DA SILVA, na esteira de GUILHERME MOREIRA, sintetiza a questão "as obrigações podem derivar simplesmente da lei, e não é, por isso, do facto que lhes dá origem que podemos deduzir-lhes a natureza." *Conceito e estrutura da obrigação,* Tipografia Ramos, Lisboa, 1943, p. 19.

[122] Assim, o artigo 2334.° do Código Civil diz que a testamentaria não é *delegável.* No anteprojecto do Código Civil, inspirado no regime italiano, VAZ SERRA ainda propunha uma *delegação* civil, que, tal como o *acollo* e a expromissão, é considerado abrangida pela assunção de dívida no Código Civil aprovado. A ideia de transferência nesta figura seria quase vestigiária. OLIVEIRA ASCENSÃO refere uma "categoria ampla de delegação", *Direito Civil – Teoria Geral,* vol. II, Coimbra Editora, 1999, p. 220. Sobre a delegação no Direito Civil, cfr. ainda PAUL RUTSAERT, *Étude sur la délégation en droit privé romain,* Imprimerie J. De Meester et Fils, 1929. A *delegatio* romana tem pouca correspondência com o sentido hodierno do termo, assemelhando-se mais a uma espécie de novação subjectiva.

facto de o Conselho delegante ser um órgão e não uma pessoa, tal como geralmente sucede na Administração Pública, estabelecendo-se relações inter-orgânicas em vez de inter-subjectivas, com efeitos sobre a validação de actos praticados em homenagem à tutela de terceiros. Por este motivo, também os actos praticados se produzem, não na esfera do delegante, mas na pessoa colectiva em causa. Em vez da responsabilidade do mandatário nos termos dos artigos 500.° e 800.° do Código Civil, temos a imputação directa à pessoa colectiva. No Direito Administrativo discute-se se haverá também lugar à responsabilização do delegante. Já o Conselho será responsável na medida em que descure a vigilância geral. Acresce que no Direito Administrativo, tal como nas sociedades comerciais, a competência dos órgãos é imposta por lei. Por último, as delegações distinguem-se ainda do mandato por poderem ser revogáveis a todo o tempo, sem que deva ser tido em conta o interesse do mandatário.

Verifica-se que as afinidades da delegação societária com a delegação pública são muito mais significativas que aquelas com o tradicional mandato. Uma recondução dogmática a esta figura, contudo, também não parece ser sustentável, mais do que pelas diferenças específicas de regime, pelos diferentes ramos do Direito em que se inserem.

### 7.2.3. *Delegação de administração social*

Há aspectos em que a delegação societária não se aproxima nem do mandato nem da delegação administrativa. É o caso dos efeitos do abuso de representação ou a representação sem poderes. No mandato, os actos serão ineficazes, *rectius* nulos, na medida em que forem excedidos os poderes, nos termos do artigo 268.° do Código Civil. Também em Direito Administrativo o desrespeito pelos limites da delegação determina a incompetência que é cominada com a nulidade ou anulabilidade consoante se trate de incompetência absoluta ou relativa, nos termos previstos pelo artigo 133.°, n.° 2, alínea *b*), e 135.° do Código do Procedimento Administrativo. Já na delegação societária, o acto praticado fora dos poderes conferidos pela delegação será em princípio válido, uma solução ancorada na necessidade de tutela das aparências no comércio. Apenas determinará a responsabilização interna, conforme visto.

De exposto decorre que se impõe o reconhecimento de uma matriz comum ao mandato, à delegação de Direito Administrativo e à delegação de administração societária, o que não impede o reconhecimento da autonomia dogmática de cada uma das figuras. Muito para além das diferenças específicas, cada uma insere-se num ramo do Direito autónomo, com todas as inerentes consequências. A matriz comum de transferência do exercício de poderes, tal como se encontra noutras figuras como a do núncio, da intervenção gestória, gestão de negócios, contrato de trabalho, prestação de serviços, agência e concessão comercial, justificará o recurso a qualquer um dos institutos para a integração de lacunas, na medida da analogia de *ratio decidendi*[123].

## 8. Conclusões

O principal efeito da delegação da gestão corrente não se dá na esfera dos administradores delegados em si, mas antes na dos administradores não delegados, que só por via desta se podem desonerar, em parte, do dever de administrar. Em contrapartida, intensifica-se o respectivo dever de vigilância geral da gestão. A delegação funciona, assim, não só como agilização da actuação do órgão dirigente, mas também como importante instrumento de fiscalização interna da sociedade.

Com a delegação cria-se um verdadeiro órgão novo, entendido como centro autónomo de imputação de deveres funcionais. O Conselho delegante é o órgão vigilante e o órgão delegado encarrega-se da gestão corrente sob a vigilância do Conselho.

A delegação societária tem uma matriz comum ao mandato civil e à delegação de Direito Administrativo, mas não pode ser reconduzida a nenhuma das duas figuras. Tem autonomia dogmática própria.

[123] Cfr. EMILIO BETTI, *Teoria Geral do negócio jurídico*, trad. Fernando Miranda, tomo III, Coimbra Editora, 1970, p. 176, sob o título "Diversas formas de interposição de pessoa na celebração do negócio jurídico. Diferença entre a representação e figuras afins". Concretamente sobre a analogia entre delegação societária e a delegação de Direito Administrativo, PINTO FURTADO, *Curso das sociedades*, p. 349.

# Pareceres

# *Testamento; aceitação da herança; encargo contrário à lei ou à ordem pública*

PROF. DOUTOR INOCÊNCIO GALVÃO TELLES

## Parecer

### I

1. O presente parecer versa sobre a sucessão de *D. Maria Regina Machado Pereira Pinto Leite*, falecida em 10 de Setembro de 2000 com testamento público lavrado num cartório notarial do Porto em 13 de Março de 1984. A testadora morreu no estado de *solteira, não deixando quaisquer parentes em linha recta.*

2. Foram-nos fornecidos vários elementos e postas várias questões. Tentaremos responder a essas questões, na medida em que no-lo permitam os elementos facultados.

### II

3. A testadora fez os seguintes *legados*:

a) Da sua quota na Sociedade do Fomento Industrial, Lda.[1], e de todos os seus bens eventualmente existentes no estrangeiro, a seu sobrinho João Lacerda Pinto Leite;

[1] A testadora vendeu em vida esta quota e, portanto, *revogou* o respectivo legado (Cód. Civ., art. 2316.°).

b) Da sua metade indivisa no prédio urbano sito na Rua da Alegria, n.° 181, Porto, à Ordem Terceira de Nossa Senhora do Carmo, com sede na mesma cidade, legado sujeito ao encargo que a testadora refere [2];

c) Das suas roupas e objectos de uso pessoal e de uma pensão vitalícia e mensal de dez mil escudos, à pessoa que dela cuidasse à data da sua morte.

4. Quanto ao *remanescente da herança*, a testadora instituiu *únicos e universais herdeiros, em partes iguais*, seus sobrinhos *Licínio Manuel Doutel Pinto Leite*, solteiro, maior, e *Joaquim Emílio de Lacerda Pinto Leite*, casado. A testadora declarou sujeitar esta deixa a determinado *encargo*, que descreveu. *Esse encargo merece ser objecto de exame atento, a que procederemos mais adiante* (*infra*, IV).

## III

5. Em certo ponto da consulta (n.° 1) alude-se a *repúdio da herança pelos herdeiros testamentários*, mas acrescenta-se entre parêntesis: *se este ainda for possível*. Em face da dúvida levantada pelo emprego desta condicional, há que *averiguar se os herdeiros testamentários ainda têm a possibilidade de repudiar a herança*. Entendemos que não, em vista dos factos relatados pelos consulentes.

6. Como se sabe, a *aceitação da herança* pode ser *expressa* ou *tácita*. É havida como *expressa* quando *nalgum documento escrito o sucessível declara aceitar a herança ou assume o título de herdeiro com a intenção de a adquirir*. Será *tácita* nos restantes casos ou, mais concretamente, quando, não havendo aquela *explícita declaração* ou aquela *explícita assunção*, possa todavia inferir-se do comportamento do interessado que ele quis, com toda a probabilidade, aceitar a herança (Cód. Civ., art. 2056.°) [3].

7. Lê-se na carta que acompanha a consulta:

– os herdeiros têm-se apresentado como aceitando a herança nos termos do testamento;

[2] O mencionado prédio foi transformado em propriedade horizontal em vida da testadora, que vendeu algumas fracções, revogando assim, *nessa medida*, o legado (cit. art. 2316.°).

[3] O mesmo se diga, *mutatis mutandis*, da aceitação dos *legados* (art. 2249.°).

- entraram na posse da habitação da falecida, assim como dos seus bens móveis e contas bancárias;
- instruiram o processo de imposto sucessório, que já foi pago;
- tendo o *testamenteiro* nomeado pela testadora *renunciado ao cargo*, foi o cabeçalato assumido pelo herdeiro mais velho, Joaquim.

Tais factos envolvem, sem dúvida, uma clara aceitação *expressa* da herança; se não houvesse aceitação expressa, haveria pelo menos *aceitação tácita*.

8. Os interessados não podem sequer tentar dar sem efeito a aceitação praticada, quer por *via revogatória* quer por *via anulatória*. Não por *via revogatória*, porque a aceitação é *irrevogável* (Cód. Civ., art. 2061.°). E não também por *via anulatória*, porque a aceitação *é anulável por dolo ou coacção mas não com fundamento em simples erro* (art. 2060.°); e o *dolo* e a *coacção* são manifestamente de excluir na hipótese da consulta.

## IV

9. A testadora, ao instituir *únicos e universais herdeiros* seus sobrinhos Licínio e Joaquim, declarou impor-lhes a obrigação de constituirem entre ambos uma sociedade civil por quotas, que teria por objecto a exploração hoteleira e exposição de cultura por ela identificadas, e para cujo património entrariam obrigatoriamente certos imóveis também por ela identificados [4], mas com a seguinte particularidade: *as quotas dessa sociedade só seriam transmissíveis a familiares da testadora* (provenientes de matrimónio).

10. A mencionada disposição que impõe aos herdeiros testamentários, como *encargo*, a obrigação de constituir uma sociedade nos termos expostos, e quer esta se qualifique como sociedade civil propriamente dita, como sociedade civil sob forma comercial ou como sociedade comercial, é, sem dúvida alguma, *inválida*, visto ser determinada *por um fim contrário à lei ou à ordem pública* (Cód. Civ., art. 2186.°): *tornar essas quotas transmissíveis apenas para familiares da testadora*. A transmissão, entre vivos ou por morte, das quotas de uma sociedade *rege-se*

[4] Prédios urbanos situados na Rua da Torrinha, n.° 471, com o respectivo terreno, da Rua de Trás, n.° 7, e no Largo dos Lóios, n.° 85, e uma terça parte indivisa do prédio urbano situado na Rua de Sampaio Bruno, n.°s 1 a 13, tudo na cidade do Porto.

*pelo próprio pacto e, no que este for omisso, pela lei geral.* Não pode ser regulada por *um estranho*, no nosso caso D. Maria Regina. Seria *rematado disparate* admitir *terceiro* a interferir na *vida interna* da sociedade, ditando a norma ou critério orientador da transmissão das respectivas quotas[5].

11. Reconhecida a *óbvia invalidade do encargo imposto aos herdeiros*, isso significa que *estes não são obrigados a constituir a sociedade pretendida pela testadora; nem poderiam legalmente fazê-lo.* Donde se segue que *os imóveis que D. Maria Regina lhes mandou transferir para essa sociedade se conservam propriedade deles.*

## V

12. Vimos ser *contrário à lei ou ordem pública* o *encargo* imposto aos herdeiros de *constituirem uma sociedade cujas quotas seriam necessariamente transmissíveis para os familiares de D. Maria Regina e só para eles.*

13. *Semelhante encargo deve ter-se por não escrito, não prejudicando os referidos herdeiros.* Seria assim ainda que a testadora houvesse declarado o contrário, e não o declarou. É o que resulta do disposto no *artigo 2230.°, n.° 2, do Código Civil*, aplicável por força do estatuído no *artigo 2245.°* do mesmo Código. A disposição testamentária em causa é, pois, *mais do que nula*: é *inexistente*, visto a lei a dar como *não escrita*. Se alguém pretender fazer valer a referida disposição testamentária, poderá qualquer interessado, a todo o tempo e em juízo ou fora dele, chamar a atenção para que ela *não possui realidade jurídica*, e isto *qualquer que seja o tipo de processo*, se processo houver[6].

[5] A execução da aludida disposição testamentária (*se esta fosse válida, que não é*) seria, aliás, *difícil* e de *resultados chocantes*. Em primeiro lugar, haveria que determinar *o que entender por familiares de D. Maria Regina. Todos os seus parentes*, por mais longínquo que fosse o parentesco? *Só os colaterais até ao quarto grau* (Cód. Civ., art. 2147.°)? Mesmo nesta segunda hipótese, veja-se o que haveria de *extravagante* em, sempre que fosse *cedida* ou *transmitida por morte* determinada quota, esta *ter de ficar pertencendo, em contitularidade, a todos os sobrinhos, tios e primos de D. Maria Regina* (embora só dentro do quarto grau).

[6] Vimos sustentando que a *inexistência jurídica* é uma *categoria autónoma*, distinta da *nulidade* e da *anulabilidade*. A *inexistência jurídica* supõe que *o acto não produz quaisquer efeitos, nem mesmo efeitos secundários*, não possuindo a menor relevância para fins do direito, e por isso se reputando *não escrito ou não praticado*. Mas (acentue-se), se o encargo testamentário de que nos ocupamos no texto não for considerado *juridicamente inexistente*, será, pelo menos, *nulo*, nos termos dos artigos

## VI

14. Em resumo, somos de parecer, no que importa especialmente destacar nestas conclusões:

a) Que o encargo imposto pela testadora aos herdeiros testamentários de constituirem uma sociedade cujas quotas seriam necessariamente transmissíveis, em vida ou por morte, para os familiares da testadora e só para eles, é contrário à lei ou à ordem pública (Cód. Civ., art. 2186.°);
b) Que nestes termos, e em vista do disposto no artigo 2230.°, n.° 2, do mesmo Código, *a referida disposição testamentária se tem por não escrita*, não afectando nem prejudicando em nada os herdeiros;
c) *Que estes não são, pois, obrigados a constituir a sociedade pretendida pela testadora*, nem poderiam legalmente fazê-lo;
d) Que, nestas condições, *se conservam propriedade dos herdeiros os imóveis que a testadora lhes mandou transferir para a gorada sociedade*;
e) Que os herdeiros podem a todo o tempo prevalecer-se da *inexistência jurídica* do aludido encargo, com as inerentes consequências, *seja por via de acção ou de excepção*, em qualquer processo judicial que venha a suscitar-se e trate-se de que tipo processual se tratar.

Lisboa, 5 de Abril de 2002

286.° e 294.° do Código Civil, segundo os quais os *negócios celebrados contra disposição legal imperativa* enfermam de *nulidade*, susceptível como tal de ser invocada *a todo o tempo por qualquer interessado e de conhecimento oficioso pelo tribunal*.

# *Esclarecimentos adicionais ao parecer de 5 de Abril de 2002 sobre a sucessão de D. Maria Regina Pinto Leite*

1. São-nos pedidos os seguintes *esclarecimentos adicionais* ao parecer que demos em 5 de Abril de 2002 sobre a sucessão de D. Maria Regina Pinto Leite, falecida em 2000, *sem quaisquer sucessíveis legitimários e com testamento público* lavrado em 1984:

a) Uma vez que é destituída de valor a obrigação imposta pela testadora aos seus herdeiros de constituirem a sociedade por ela prevista, estão eles dispensados dos *encargos* consistentes em afectarem os bens da herança aos fins indicados no testamento?
b) Têm os herdeiros a plena disponibilidade de tais bens?
c) Se, *ao invés*, subsistem os *encargos* estabelecidos pela testadora, em que momento se considera não cumprido pelos herdeiros o testamento?
d) Quais as consequências desse não cumprimento?
e) Quem tem legitimidade para o invocar?
f) Em que prazo, e quando se inicia esse prazo?

2. Julgamos ter demonstrado no nosso parecer de 5 de Abril que é *juridicamente inexistente*, ou pelo menos *nula*, a obrigação imposta aos dois herdeiros instituídos no testamento, Licínio e Joaquim, de constituirem uma sociedade cujas quotas ou partes seriam necessariamente transmitidas, em vida ou por morte, a familiares e só a familiares da testadora. E que os prédios indicados pela testadora como objecto de transferência para essa pretendida sociedade, adquiridos por Licínio e Joaquim *como únicos e universais herdeiros*, se conservariam *propriedade destes*, dado não haver lugar a tal transferência.

3. Concretizando melhor os pedidos de esclarecimento que nos são feitos, há que resolver estas duas questões:

a) Licínio e Joaquim têm a *plena disponibilidade dos aludidos prédios*?;

b) *Subsistem*, ou antes devem considerar-se *caducos*, os seguintes *encargos* relativos ao *prédio da Torrinha*, que era um dos prédios abrangidos na pretendida transferência para a sociedade a constituir:

- *construção de um Hotel Residencial ou de uma Residencial no* ***terreno*** *da Torrinha, com destino a receber hóspedes da terceira idade;*
- *afectação da* ***vivenda*** *da Torrinha a fins culturais e a um museu, onde ficariam expostos, além de outros bens familiares, os trajes antigos, móveis, louças, vidros, pratas e tudo quanto constituía o recheio, digno de exposição, da casa de habitação da testadora, bem como as suas jóias.*

4. Respondemos do seguinte modo:

a) Licínio e Joaquim têm a *plena disponibilidade dos prédios* que a testadora indicou como destinados a ser transferidos para a sociedade a constituir, visto se tratar de *prédios por eles adquiridos como únicos e universais herdeiros da testadora*, e que ficaram *dispensados de transferir para a pretendida sociedade*, por esta ser legalmente impossível (conforme se demonstrou no nosso parecer), *conservando-se assim na sua titularidade plena*, deles herdeiros;
b) Uma vez que Licínio e Joaquim mantêm a *plena titularidade* dos imóveis em referência, sobre eles, Licínio e Joaquim, não pesa, obviamente, o *encargo* de construir no *terreno* de um desses imóveis, a *Torrinha*, o que quer que seja, *designadamente um Hotel Residencial ou uma Residencial*, podendo livremente destiná-lo ao que muito bem desejarem [1].

5. Perguntar-se-á, porém: *a quem ficam pertencendo os bens que constituem o recheio da habitação da testadora? Ficam, sem dúvida, pertencendo a Licínio e Joaquim, na sua qualidade de únicos e universais herdeiros*. Estes, como sucederam na *habitação da testadora*, assim sucederam também no *respectivo recheio*, do mesmo modo que nas suas *jóias*. E *sem qualquer encargo*, como julgamos ter ficado já bem patenteado.

[1] É de observar que a testadora não tinha em vista um *lar ou centro de acolhimento de idosos*, inspirado numa preocupação de solidariedade, e cuja manutenção é assegurada pela Segurança Social, para além dos parcos rendimentos com que os idosos possam contribuir para essa manutenção. Tratava-se de um *Hotel Residencial* ou uma *Residencial*, com destino a pessoas da terceira idade, pelo menos medianamente abastadas, *que pagariam do seu bolso a permanência nessa unidade*, de harmonia com as *tarifas* fixadas pela legislação sobre Turismo reguladora da matéria.

6. Acham-se deste modo *prejudicados* os demais pedidos de esclarecimento, os quais *suporiam, todos eles, a subsistência, que não se verifica, dos encargos estabelecidos pela testadora*: em que momento se consideram não cumpridos tais encargos (e portanto não cumprido, em parte, o testamento); quais as consequências desse incumprimento; quem tem legitimidade para o invocar; e dentro de que prazo e qual a data de início deste (*supra*, n.° 1, quatro últimas alíneas).

Lisboa, 4 de Junho de 2002

# Registo Bibliográfico

## *O Direito / Introdução e Teoria Geral*

(José de Oliveira Ascensão, 13.ª edição refundida, Almedina, Coimbra, 2005, 677 pp., € 35.00, com IVA).

1. O aparecimento de uma nova edição de *O Direito / Introdução e Teoria Geral*, do Prof. Doutor José de Oliveira Ascensão, constitui sempre notícia, para o público universitário de língua portuguesa. O feito merece dupla menção, visto tratar-se de uma edição refundida: a 13.ª. Correspondendo à vitalidade científica do seu Autor, *O Direito / Introdução e Teoria Geral*, que remonta às *Lições de Introdução ao Estudo do Direito*, do início dos anos setenta do século XX, tem acompanhado os primeiros passos de muitas gerações de juristas formados pela Faculdade de Direito de Lisboa e por outras escolas.

2. Sendo um livro introdutório, *O Direito / Introdução e Teoria Geral* apresenta-se, porém, como uma obra cuja releitura se impõe a juristas formados. Encontramos inúmeros temas de inquietação e de aprofundamento, nas áreas da caracterização de ordem jurídica (p. 43 ss.), do Direito comparado (p. 141 ss.), da filosofia (p. 169 ss.) e dos valores (pp. 193 ss.). Sem menosprezo pelos demais, *O Direito / Introdução e Teoria Geral* torna-se particularmente útil, quer para o estudioso, quer para o prático, nos domínios das fontes do Direito (p. 255 ss.), da interpretação e integração (p. 381 ss.) e da sucessão das leis no tempo (p. 545 ss.). Quantos lapsos de aplicação se evitariam se os nossos operadores mantivessem o contacto com o cordão umbilical da Ciência do Direito.

3. Na presente edição, *O Direito / Introdução e Teoria Geral* perdeu a perspectiva luso-brasileira. Como explica o seu Autor, a versão brasileira será editada, de modo autónomo e na grande Nação lusófona, sob o título *Introdução à Ciência do Direito*. Temos pena, tanto mais que o Código Civil brasileiro de 2002 justificaria um suplemento de divulgação, em Portugal, enquanto os efeitos da inte-

gração europeia deveriam ser dados a conhecer, no Brasil. A revista *O Direito* faz votos para que se sucedam novas edições e para que, em tempo oportuno, o Prof. Doutor Oliveira Ascensão retome a ideia de uma grande introdução aos Direitos de fala portuguesa: além da tradição de Seabra, na Índia, temos novidades no Brasil, em África, em Macau e em Timor.

AMC

## *Teoria geral do Direito civil*

(CARLOS ALBERTO DA MOTA PINTO, 4.ª edição por António Pinto Monteiro e Paulo Mota Pinto, Coimbra Editora, Coimbra, 2005, 687 pp.).

1. O nosso Direito civil tem hoje, na panorâmica geral dos Direitos do Sul, uma feição única: opera uma síntese vigorosa entre a cepa tradicional das Ordenações, as influências napoleónicas do século XIX e a recepção pandectística iniciada nos princípios do século XX. Na origem deste último e decisivo passo encontramos a obra do Prof. Guilherme Moreira, com reflexos directos nos mais diversos institutos. Essa importante linha científica foi continuada, na Faculdade de Direito de Coimbra, por nomes ilustres como Vaz Serra, Manuel de Andrade e, justamente, Carlos Alberto da Mota Pinto.

2. Cientista insigne – deve-se-lhe, em especial, o desenvolvimento, à luz do Direito português, da complexidade intra-obrigacional, com um aprofundado tratamento da boa fé e dos deveres acessórios, em *Cessão da posição contratual*, 1970 – Carlos Alberto da Mota Pinto foi, ainda, um homem público notável e um verdadeiro mestre, mesmo para quem não pertença à sua Escola de origem. Ainda hoje – 20 anos contados – o seu inesperado falecimento, em plena força da vida, deixa a marca da incredibilidade e do vazio.

A revista *O Direito* associa-se à Família, à Escola de Coimbra e a quantos com ele privaram, numa sentida homenagem de respeito e saudade, a propósito dos 20 anos da sua partida.

3. Assinalando, da melhor forma, a memória do ilustre desaparecido, o Prof. Doutor António Pinto Monteiro e o Conselheiro Mestre Paulo Mota Pinto lançaram mãos a uma 4.ª edição actualizada, do clássico *Teoria geral do Direito civil*. Adivinhamos uma tarefa difícil. Por um lado, temos os textos intocáveis, que remontam aos ensinos de Carlos Alberto da Mota Pinto e de

Manuel de Andrade: cada palavra e cada inflexão do discurso têm um alcance substancial que deve ser preservado. Por outro, encontramos uma área em evolução: direitos de personalidade, técnica de contratação, tutela do consumidor e integração europeia, constituem, entre outros, grandes cepas cuja presença, numa moderna exposição do Direito civil, não pode ser dispensada. A tudo isso ainda haverá que acrescentar uma vasta bibliografia e uma ampla jurisprudência.

4. Temos, agora, o fruto desse labor. A *Teoria geral do Direito civil* conservou a estrutura básica que lhe conhecíamos, com relevo para o capítulo II da I parte, sobre os princípios fundamentais do Direito civil português (p. 95 ss.). Manteve ainda, na tradição de Andrade, a sistematização feita pela relação jurídica: sujeitos (p. 193 ss.), objecto (p. 331 ss.), factos (p. 355 e ss.) e garantia (p. 663 ss.). O seu conteúdo apresenta-se rejuvenescido, adivinhando-se a emergência progressiva de um novo discurso, assente numa dogmática articulada entre o núcleo e a periferia, o tudo dobrado por um sistema externo relevante e documentado.

5. O surgimento da 4.ª edição, devidamente actualizada, do clássico de Carlos Alberto da Mota Pinto demonstra a pujança da escola de Guilherme Moreira. Não é novidade para quem conheça a Faculdade de Direito de Coimbra: mas, agora, fica patente ao grande público. A obra está viva: deve agora ser rendibilizada pelos seus leitores. Resta um desejo: que à imperecível memória do Prof. Mota Pinto sobrevivam, para além da 4.ª, muitas outras edições que, na solidez das raízes, traduzam um discurso jurídico-científico actualizado e em progressão. O fogo sagrado mantém-se em mãos seguras.

AMC

## *Propriedade industrial* – volume I – *Sinais distintivos do comércio / Concorrência desleal*

(Carlos Olavo, 2.ª edição, actualizada, revista e aumentada, Almedina, Coimbra, 2005, 321 pp., € 18.00, com IVA).

1. O actual Direito português da propriedade industrial está marcado pela sucessão de códigos do mesmo nome. Na origem, podemos apontar uma dependência da matéria em relação ao legislador: a industrialização tardia dispensou as buscas atormentadas de soluções jurisprudenciais. A Lei de 4 de Junho de 1883, relativa à marca, traduziu o surgimento oficial da disciplina. E ao abordar temas de concorrência desleal, em termos penais – artigo 13.° –, essa mesma Lei iniciou uma tradição que perdura. Assim, o Código da Propriedade Industrial, aprovado pelo Decreto-Lei n.° 30 679, de 24 de Agosto de 1940, em cuja preparação cabe salientar Abel de Andrade, associou sinais distintivos e concorrência desleal. Todavia, o seu básico artigo 212.° veio seriar actos de concorrência desleal em termos que permitiriam um desenvolvimento doutrinário e jurisprudencial da matéria.

2. O CPI de 1940 vigorou 55 anos. A sua reforma foi complicada, tendo dado lugar a um novo CPI, aprovado pelo Decreto-Lei n.° 16/95, de 24 de Janeiro. Aí, na tradição nacional, manteve-se a associação entre os sinais distintivos e a concorrência desleal. Seguiu-se nova e atormentada reforma, que desembocaria no CPI vigente, aprovado pelo Decreto-Lei n.° 36/2003, de 5 de Março. Estamos perante um Código de fôlego, com transposições comunitárias, substancialmente diverso do Código anterior e cujo interesse científico e prático não tem sido acompanhado pela nossa doutrina. Curiosamente, numa linhagem que remonta a Lobo d'Ávila e Lima (1910) e que, mais recentemente, teve escritos importantes de Jorge Patrício Paúl (1965), Silva Carvalho (1984)

e José de Oliveira Ascensão (2002), ainda foi o campo da concorrência desleal que despertou mais desenvolvimentos.

3. O bosquejo realizado mostra a importância dos estudos sobre o novo Código da Propriedade Industrial. A matéria é complexa, surgindo fortemente moldada pela tradição nacional, mormente na associação entre a "propriedade industrial" e a concorrência desleal. Carlos Olavo, entre outros aspectos, notabilizou-se, nos anos oitenta, ao divulgar na *Colectânea de Jurisprudência*, a obra *Propriedade industrial / Noções fundamentais*, 1987, cuja origem remonta a lições proferidas na Faculdade de Direito de Lisboa. Depois disso, tem sempre vindo a acompanhar a matéria com escritos relevantes. Especialmente apetrechado, no campo teórico e no da prática jurídico-comercial, o Autor oferece ao público interessado uma exposição clara e apoiada sobre o panorama resultante do novo Código de 2003. Centrado nos dois grandes pilares da matéria – os sinais distintivos e a concorrência desleal – e enriquecido com elementos decisivos de Direito europeu, este primeiro volume passa a constituir uma referência incontornável no estudo do actual Direito português da propriedade industrial.

AMC

## *Código da Insolvência e da Recuperação de Empresa Anotado*

(Luís Manuel Teles de Menezes Leitão, 2.ª edição, Coimbra, Almedina, 2005, 375 pp., € 20.00, com IVA)

1. O Direito da insolvência está em construção. Neste mesmo número de *O Direito*, publicamos um artigo introdutório sobre o tema. Cumpre assinalar, nessa linha, o aparecimento da 2.ª edição do *Código da Insolvência e da Recuperação de Empresa Anotado*, do Prof. Doutor Luís Menezes Leitão.

2. À publicação de um grande Código segue-se, sempre, uma fase de exegese. É fundamental conhecer os novos textos, antes de se partir para a elaboração dogmática e para as grandes reconstruções. As fontes básicas são imprescindíveis. Justamente: o presente *Código*, já em segunda edição, vem pôr, à disposição do público, um texto manuseável, acompanhado de notas que esclarecem a origem da matéria, a sua natureza inovadora e os elementos existentes sobre os temas: um auxiliar imprescindível, para estudiosos e para práticos da insolvência.

AMC

## *Direito do trabalho* – Parte I – *Dogmática geral*

(MARIA DO ROSÁRIO PALMA RAMALHO, Coimbra, Almedina, 2005, € 35.00, com IVA).

1. O Direito do trabalho chegou tarde à nossa produção jurídico-científica. É certo que o clássico de Raúl Ventura, *Teoria geral da relação jurídica de trabalho / Estudo de Direito privado*, I, 1944, já soma sessenta anos, enquanto a produção do Centro de Estudos Sociais e Corporativos garantiu, até à queda do Estado Novo, o elevado nível jurídico-laboral que permitiu a elaboração de diplomas importantes, em vigor até ao Código do Trabalho de 2003. Mas estes oásis nunca poderiam suprir a ausência de um estudo sistemático da disciplina: algo apenas possível em Universidades de grande porte.

O estudo e o ensino do Direito do trabalho, a nível do curso geral surgiram apenas após 1974-1975, sendo oficializados nos diversos planos de estudos. Passou-se, depois, pelas diversas fases: divulgação da matéria nacional, dogmatização à luz da actual metodologia privada e reconstrução, visando uma nova codificação. A publicação do Código do Trabalho de 2003 augura uma fase de maturidade.

2. É neste contexto que devemos situar o excelente *Direito do trabalho* – Parte I – *Dogmática geral*, de Maria do Rosário Palma Ramalho, professora da Faculdade de Direito de Lisboa. A Autora já nos havia habituado a grandes sínteses, assentes em minucioso labor de recolha periférica: recorde-se a obra maciça *Da autonomia dogmática do Direito do trabalho*, Coimbra, Almedina, 2001. Temos, agora, uma exposição sistemática da matéria, com relevo pedagógico, jurídico-científico e prático.

3. Neste primeiro volume, dedicado à dogmática geral, a Autora cobre as áreas das noções gerais (abrangendo o âmbito e o objecto da disciplina, a evo-

lução histórica e as características do Direito do trabalho) acabando por situá-lo na área do Direito privado, em termos globais (p. 102). Os aspectos metodológicos não são esquecidos.

Segue-se a exposição das fontes e da aplicação do Direito do trabalho (p. 139 ss.), sendo de relevar um desenvolvimento significativo sobre o Direito do trabalho europeu (p. 167 ss.) e uma análise das fontes internas comuns (p. 187 ss.) e específicas (p. 229 ss.). A interpretação e a aplicação das normas laborais, com o estado das questões relativas ao ponto clássico do *favor laboratoris*, completam o quadro.

Dedica a Autora espaço condigno aos alicerces dogmáticos do Direito do trabalho: pessoas juslaborais (p. 295 ss.), situações jurídicas (p. 355 ss.), com um interessante desenvolvimento sobre o vínculo de trabalho, evolução e reconstrução dogmática (p. 367 ss.), dogmática (p. 445 ss.) e princípios fundamentais (p. 485 ss.).

4. *Direito do trabalho*, de Maria do Rosário Palma Ramalho, adopta uma lógica de investigação. Todavia, a obra apresenta-se clara e adequada quer ao ensino, quer às exigências da prática, no foro e na empresa: elas não devem alhear-se da problemática de base nem das actuais progressões europeias.

Aguardaremos com expectativa os próximos volumes que deixam antever o progresso, no século XXI, da vigorosa escola de Direito do trabalho da Faculdade de Direito de Lisboa.

AMC